河南省哲学社会科学规划项目"太极拳文化及其传承研究"成果
（项目批准号：2015BTY003）

太极拳文化及其传承研究

杨现钦　王凤仙　著

图书在版编目（CIP）数据

太极拳文化及其传承研究 / 杨现钦，王凤仙著.
-- 厦门：厦门大学出版社，2019.8
ISBN 978-7-5615-7384-6

Ⅰ.①太… Ⅱ.①杨…②王… Ⅲ.①太极拳—文化研究 Ⅳ.① G852.11

中国版本图书馆 CIP 数据核字 (2019) 第 064499 号

出 版 人	郑文礼
责任编辑	林　鸣

出版发行　厦门大学出版社

社　　址	厦门市软件园二期望海路 39 号
邮政编码	361008
总 编 办	0592-2182177　0592-2181406(传真)
营销中心	0592-2184458　0592-2181365
网　　址	http://www.xmupress.com
邮　　箱	xmup@xmupress.com
印　　刷	虎彩印艺股份有限公司
开　　本	720 mm×1000 mm　1/16
印　　张	12.25
字　　数	221千字
版　　次	2019年8月第1版
印　　次	2019年8月第1次印刷
定　　价	68.00元

本书如有印装质量问题请直接寄承印厂调换

厦门大学出版社
微信二维码

厦门大学出版社
微博二维码

序

  大千世界,茫茫宇宙,蓝色地球自从诞生了人类,世界就翻开了新的一页,日新月异的巨变从此开始,人类探索并发展着无穷无尽的宇宙空间。中华文明历经5000余年风霜雨雪源远流长,具有世界上其他文化无可比拟的文化魅力与价值。进入21世纪,尤其是党的十八大以来,中华文化的国际影响力正在以令世界瞩目的态势快速发展。习近平总书记在党的十九大报告中指出:"文化是一个国家、一个民族的灵魂。文化兴国运兴,文化强民族强。""坚持文化自信"已经深入国人心中。推动中华文化走向世界,最重要的是把传统文化的精华作为主体内容普惠人类社会,构建"人类命运共同体",使其成为新时代有理想的中国人的伟大事业。

  近年来,汉语越来越被热捧,汉字越来越被喜爱,中国传统文化越来越被重视,孔子学院如雨后春笋遍布世界各地。随着中华传统文化的普及,太极拳运动也越来越被世人喜爱,逐步由中国走向世界。太极拳是太极文化的表现形式之一,太极文化又是我国传统文化的核心内容之一,其理论基础源于《易经》。太极拳运动包括太极拳、太极剑、太极刀、太极棍、太极扇、太极球等,习练时追求形神意气的统一,讲究修身与技艺、人与自然的统一,体现了身心和谐、人际和谐、天人和谐的理念,展示了"天人合一"的太极文化观念。因此,习练太极拳不仅仅是一种运动形式,更是一种世界观的更新、价值观的转变、人生观的习练过程,具有其他运动形式不可替代的作用。

  河南省是太极拳的发源地,是太极拳文化的摇篮。研究表明河南省温县陈家沟是陈氏太极拳的发源地。中国武术史学家唐豪指出:"太极拳最早传习于河南省温县陈家沟陈姓家族中,创编人为陈王廷。"河南也是河洛文化的发祥地,是中华民族的摇篮。戊戌年黄帝故里拜祖大典拜祖文有言:"浩浩九州,大河之南。秣马执辔,崛起中原。先祖垂宪,黾勉今贤。壮哉郑州,辐射致远。"人们说,走进河南,就好像翻开了中华5000年长卷,自远古以来,我们的祖先就生息繁衍在中原大地上,创造了裴李岗文化、仰韶文化、龙山文化等令世人赞叹的史前文化。从中国第一个世袭王朝夏朝建都于河南偃师,至清王朝覆灭的4000余年历史中,河南处于全国政治、经济、文化的中心地域长达3000年,经济社会文化发展曾几度达到鼎盛,先后有20多个朝代建都或迁都于此,中国8大古都河南就有4个。河南是文化大省,更是太极拳文化弘扬光大的地方。

  本书以河南省为例,作者尝试通过对太极拳文化内涵进行解读,对太极拳习练中的方法进行研究与分析,对河南省高校太极拳教学开展状况调查,对河南省民间太极拳传承情况进行研究,全面深刻阐述太极拳文化的博大精深,剖析其特点与传承方式,挖掘太极拳文化的魅力,从而达到弘扬太极拳文化,助力太极拳运动,实现"每天锻炼一小时,健康工作50年,幸福生活一辈子"的目标。

  是为序。

2018年11月13日

目 录

第1章 绪论

1.1 问题的提出及研究价值/1

1.2 研究文献综述/2

1.3 研究对象及方法/4

第2章 太极拳文化理论

2.1 文化的内涵/6

2.2 太极文化/7

2.3 太极拳文化/11

2.4 太极拳养生文化及其生理学基础/19

第3章 太极拳各大流派

3.1 太极拳各大流派渊源/25

3.2 太极拳各大流派的特点/31

3.3 陈式太极拳在武术方面的成就/33

3.4 太极十三势基本技法/39

第4章 太极拳拳理

4.1 概述/44

4.2 代表性著作/45

4.3 太极拳的十大理论/64

第5章 太极拳训练途径

5.1 习练太极拳的原则/74

5.2 习练太极拳的方法/82

5.3 习练太极拳的要求/83

5.4 习练太极拳的注意事项/87

5.5 太极拳习练中"力"的运道/88

5.6 太极拳习练中容易出现的拳病/90

第6章 太极拳习练体悟

6.1 身体外形习练体悟/92
6.2 身体内在习练体悟/93
6.3 太极拳习练受益体悟/100
6.4 习练太极拳谚语/105
6.5 习练太极拳的禁忌/107
6.6 实战技击习练体会/110

第7章 河南省高校太极拳教学现状

7.1 作为研究对象的河南高校/113
7.2 河南各地高校太极拳教学调查/115
7.3 影响高校太极拳教学效果因素分析/127
7.4 河南省高校太极拳教学的对策与建议/129

第8章 河南省民间太极拳传承

8.1 河南省各地市太极拳馆/133
8.2 河南省各地市广场太极拳/142
8.3 各大拳种民间太极拳拳师传承/148
8.4 各拳种传承/156

第9章 太极拳文化产业发展

9.1 文化产业和太极拳文化产业/163
9.2 太极拳文化产业的发展/166
9.3 太极拳文化产业发展模式探索/169
9.4 文化产业大发展下的太极拳文化传承与发展展望/173

附录/175
参考文献/182
后记/186

第 1 章 Chapter 1

绪 论

文化是一个国家区别于另外一个国家的主要标志,是民族凝聚力、吸引力和创造力的重要源泉,也是经济、科技、社会发展的重要支撑,其重要性不言而喻。进入 21 世纪,随着知识经济时代的到来,世界变成了"地球村",各国及各个民族之间的交往日益密切,不仅表现在经济领域和科技领域,同样也表现在文化领域。以习近平总书记为核心的党中央明确提出了以扎实推进社会主义文化强国建设作为推进实现中华民族伟大复兴的"中国梦"的主要路径之一。可以预见,随着我国全面建成小康社会的推进,文化建设的重要性日益凸显。习近平总书记的系列讲话进一步阐明了坚守和发展社会主义文化的重要性,建设和巩固社会主义文化阵地的艰巨性。

2017 年年初,《关于实施中华优秀传统文化传承发展工程的意见》颁布,该意见分别从重大意义和总体要求、主要内容、总体任务、组织实施和保障措施四个方面对实施中华优秀传统文化传承发展工程提出了具体意见和要求。总之,无论是从中国特色社会主义事业总体布局出发,还是从实现中华民族伟大复兴"中国梦"的理想出发,党和国家都把提高国家文化软实力摆在了一个十分重要的位置,都认识到文化软实力不仅是综合国力的重要组成部分,也是实现"中国梦"强大的精神动力。

1.1 问题的提出及研究价值

中华文明 5000 余年源远流长,中华文化具有世界上其他文化无可拟的文化魅力与价值。推动中华文化走向世界,最重要的是把传统文化的精华作为主体内容。党的十八大以来,中华文化的国际影响力正在以令世界瞩目的姿态快速提升,世界范围内不断开设的孔子学院等品牌性活动极大地促进了对外文化交流,提升了中华传统文化的国际影响力。

中华文化博大精深，蕴含丰富。太极文化是我国传统文化的核心之一，其理论基础是《易经》，太极拳运动是太极文化的主要表现形式之一。太极拳运动包括太极拳、太极剑、太极刀、太极棍、太极扇、太极球等，习练时追求形神意气的统一，讲究修身与技艺、人与自然的统一，体现了身心和谐、人际和谐、天人和谐的观念，展示了"天人合一"的太极文化观念。太极大师吴图南在其著作《国术概论》中说太极拳"使得于体育上占重要地位，成为真善美之体育活动。推而广之，渐于全世界、全人类，岂不伟欤"！类似于这样的关于太极拳、太极文化的大家宏论俯拾皆是。这一切都充分显示了太极文化的魅力以及研究、传播太极文化的重要性。

本书试图通过对太极拳相关文化内涵、太极拳各大流派、太极拳拳理、太极拳习练中的诸多方面等进行解读，对河南省高校太极拳教学开展状况调查，对河南省民间太极拳传承情况进行研究，并结合著述者多年的习练体悟，力求全面深刻阐述太极拳文化的博大精深，剖析其特点与传承方式，挖掘太极拳文化的魅力，助推太极拳文化产业发展，从而达到弘扬太极拳文化，实现强身健体、幸福家庭、和谐社会、泽被人类的目的。

1.2 研究文献综述

1.2.1 太极文化研究

就我国太极文化的研究历程及现状看，可谓著作丰富，成果卓著。

沈寿的《太极拳文集》用四个部分阐述了对太极拳的认识，其真实性和文献价值很高。[①] 徐震的《太极拳考信录》着重考证太极拳的形成及衍变过程。[②] 他的《太极拳谱理董辨伪合编》则着重于对太极拳谱的整理及辨伪。[③] 此二书在太极拳考据史上颇具权威性，不但为后来者解读太极拳文化提供了事实依据，而且更为重要的是作者那种追求事实的精神，使得太极拳的文化解读能够顺利完成。

对太极文化研究的论文，张祝平的《从文化自觉的视域审视太极文化的勃兴》(《首都体育学院学报》2012年第1期)，李永兰的《太极拳运动的文化解读》(《河南农业》2016年第6期)等，都是值得关注的成果。其余论文大多侧重于

---

① 沈寿：《太极拳文集》，人民体育出版社2005年版。
② 徐震：《太极拳考信录》，山西科学技术出版社2006年版。
③ 徐震：《太极拳谱理董辨伪合编》，山西科学技术出版社2006年版。

太极文化产业的开发研究,如姜华北、马敏卿、吴振超的《对河北武术文化产业品牌建设的战略研究——以河北邯郸"太极文化"为例》(《河北体育学院学报》2013年第1期)、王威冯、文昌的《论文化视阈下河南太极文化产业传承发展的缺失》(《首都体育学院学报》2013年第4期)等。

1.2.2 太极拳研究

太极拳是中国武术的一个分支,但因为门派较多、风格不同,及其在医疗健身、教学、训练等不同领域的研究众多,因而相关图书文献很丰富。

1. 太极拳著作

太极拳是优秀传统文化的代表,吸引无数精英传授、习练、研究。尤其是近些年,随着印刷技术日新月异的发展,太极拳图书文献的出版数量快速增长。这些图书文献既具有指导作用,更具有宝藏价值。

就太极拳研究的图书资料看,主要有:陈鑫的《陈式太极拳图说》,该书内容丰富全面,牵涉陈式太极拳的方方面面;吴文翰的《武派太极拳体用全书》一书,属于太极拳专著,理论层次较高;还有高壮飞和若水的《千思百问太极拳》,借助对话的方式,分别以中医科学的角度、文化学术的视野、行家里手的体悟来展现他们对太极拳的认识和见解;另外,王宗岳等著的《太极拳谱》一书收集的太极拳古典理论文献很多,数量达到140篇,还有记人的行略、传记等重要文献7篇,此书价值较高,标志着哲学与武术文化的殊途同归。

2. 太极拳文献

与专著相比,有关太极拳的文献资料数量较大,研究的内容较为广泛。我们通过搜索关键词"太极拳",对中国知网2003—2017年的文献资料进行查询,可以查询到5035份,其中期刊论文4245份,硕博士论文460份,数量总体上呈现逐年上升的趋势。这些文献大致从以下几个方面研究太极拳。

(1)太极拳的发展

但爱兰、李晓红认为,太极拳的健身价值是它传播的根本,太极拳的文化内涵是它传播的魅力,新世纪人类对健康的需要促进了太极拳的发展。[①] 张铁刚、赵红波认为,健身价值的定位是太极拳发展最鲜明的旗帜,深厚的文化意蕴是太极拳发展历久不衰的内在动力,理论的繁荣是太极拳发展深厚的物质基础,政府的大力支持与推广是太极拳发展的外部保证,竞赛交流活动的开展是太极拳发展的根本动力,独特的社会功能是太极拳发展的潜在动力。众多因素

---

① 但爱兰、李晓红:《太极拳的传播与民族传统体育发展》,《武汉体育学院学报》2004年第5期。

促成了太极拳发展。[①]

(2) 太极拳的健身

太极拳的健身领域研究成果最多、范围最广,涉及生理、心理,涉及老年人、青年学生,涉及健身机理、运动比较等领域。如姜娟、郭英杰、付彦明的《老年人太极拳健身效果诊断和运动指导平台构建研究》(《搏击》2014 年第 8 期),杨现钦的《太极拳养生作用探析》(《河南农业》2017 年第 2 期),王凤仙、娄会俊的《太极拳训练方法与途径探析》(《体育世界》2016 年第 12 期)等,具有一定的代表性。

(3) 太极拳的技术

蔡开明的《现代核心训练理念审视下传统太极拳技术原理及应用》(《北京体育大学学报》2014 年第 8 期),蔡金明的《太极拳推手的力学分析》(《北京体育大学学报》2003 年第 3 期)等值得关注。

(4) 太极拳的养生

赵指南、李其忠的《太极拳的中医养生原理探索》(《中医药文化》2011 年第 4 期),郭志禹的《太极拳养生文化考》(《上海体育学院学报》2004 年第 2 期)等引人注意。

(5) 太极拳的教学

有朱宏伟、郭健和毛迪的《终身体育思想下的高校太极拳教学研究》(《辽宁工业大学学报》2014 年第 4 期),王凤仙、娄会俊的《高校太极拳教学实践与探索》(《青少年体育》2016 年第 9 期)等值得关注。

1.3 研究对象及方法

本书以太极拳的文化要素作为研究对象。具体的研究方法主要有:

1.3.1 文献资料法

文献资料法是通过查阅文献资料了解、证明所要研究对象的方法。本书所涉及的文献资料主要指与太极拳相关的文献资料,以及与本书有关的方法论、社会学、文化学等资料。通过检索有关图书文献、中国知网中所能查到的文献,并进行搜集、整理,形成本书的理论基础。

[①] 张铁钢、赵红波:《关于太极拳发展动力研究》,《山西师大体育学院学报》2006 年第 4 期。

1.3.2 实地考察法

实地考察法是指为研究一个事物的真相、势态发展流程,而去实地进行直观的考察,局部进行详细的调查。笔者数次赴太极拳发源地河南省温县陈家沟等河南范围内太极拳发展较好的地区进行考察,为完成研究提供数据支撑及现实基础。

1.3.3 专家访谈法

专家访谈法主要是指通过研究者和受访人面对面地交谈来了解受访人的心理和行为的心理学基本研究方法。笔者通过对太极拳大家、专家的访谈,通过与多年从事太极拳习练者交流,了解他们习练太极拳的情况,聆听他们的看法和理解,总结他们习练太极拳的感受与体悟,进而进行分类汇总。

1.3.4 逻辑分析法

逻辑分析法主要是指"语言的转向"之后出现的分析哲学、科学哲学中所使用的分析方法。这种方法利用现代数理逻辑这个强有力的工具,对语言进行分析,并通过语言分析来解决传统的哲学问题。本书主要通过逻辑分析法对收集的材料进行处理,对相关内容合理把握,从而对其进行分析总结,提炼出自己的观点。

1.3.5 内容分析法

内容分析法主要指对太极拳所蕴含的文化方面的相关内容进行客观的描述,然后对研究内容通过表格、数据等形式进行分析和总结。

第 2 章
Chapter 2

太极拳文化理论

2.1 文化的内涵

"文化"一词,向来有从小到大、从狭到广的多种涵义。在中国民间,曾把"识文断字",即上过学,受过教育,有知识,就叫作"有文化"。这大概是最狭义的文化概念了。在学术上给"文化"作界定,又往往把它说成是"人类创造的物质和精神成果的总和",包括物质文化、制度文化、精神文化等在内,成了一个几乎无所不包的广义概念;而我们现实中所强调的文化,则是特指"观念形态的文化",即由思想理论、宣传教育、新闻出版、文艺演出和文物管理等构成的领域,这是介于最"小"和最"大"之间的"中"义文化,实即"精神文化"。而这些都仅仅是从概念的外延方面来说的。从内涵的方面理解什么是文化,历来也表现出很大的模糊性和随意性。据考证,世界上给文化下定义的权威说法有二百多种。没有一个公认的精确定义,多是因为下定义的学科本身角度和层次不同;而"文化"又正是一个能够覆盖很多学科视野的概念。关于文化的本质,在肖前教授等主编的《马克思主义哲学原理》一书中,曾给出了一个体现马克思主义中国化风格的简要表述:"文化即人化。"[①]这个表述,可以说是总结了历史上中西文化观中最重要的核心和实质内容。

从辞源上看,早在《周易》里,中国古人就有"观其天文,以察时变;观其人文,以化成天下"的说法。据此产生的"人文化成"应该是汉语言中"文化"一词最早的形态。古语"文"字原指"色彩""纹理",引申为事物的"道理"(结构、秩序等);"化"就是"变、改变""使……(完全地)变成……"。这样"人文化成"就可以解释为:用人文的道理来造就人的世界;"文化"则表示用人的标准和尺度去改

---

① 肖前:《马克思主义哲学原理》,中国人民大学出版社 1994 年版。

变对象的行为过程及其结果。

英文中的"文化"(culture)一词来自拉丁文,它的原始含义是"耕作"。后来用于指称人工的、技艺的活动及其成果,还扩展及风俗习惯、文明制度等。英国学者泰勒在《原始文化》一书中较早说明,文化或文明"乃是包括知识、信仰、艺术、道德、法律、习俗和任何人作为一名社会成员而获得的能力和习惯在内的复杂整体";[①]后来美国克鲁克洪等人将其概括为"文化是历史上所创造的生存式样的系统";[②]巴格比将文化定义为"社会成员的内在和外在的行为规则",但强调其中不包括来自遗传性的那些规则;[③]德国李凯尔特说得更明白:"文化"是一个用来区别于"自然"的概念,"自然产物是自然而然地从土地里生长出来的东西。文化产物是人们播种之后从土地里生长出来的"。[④]

总之,尽管有许多不同说法,却可以看出诸多说法中共同的基本意思:文化就是按照"人"的方式和标准,去改变环境和人自己的。在这一点上,中西辞源显现了共同的内涵。说到底,文化就是"人化"和"化人"。"人化"是按人的方式改变、改造世界,使任何事物都带上人文的性质;"化人"是反过来,再用这些改造世界的成果来培养人、装备人、提高人,使人的发展更全面、更自由。"化人"是"人化"的一个环节和成果、层次和境界。

2.2 太极文化

太极文化作为中国传统文化的瑰宝,内涵丰富,博大精深。在中国哲学中,"太极"一词被当作融合和包含一切事物在内的形而上的哲学本原范畴,它可以诠释为阴阳、五行、八卦、气、性情等诸概念的本源和本质,在中国哲学、医学、文学、艺术等领域中多有体现。

《周易·系辞》中曰:"一阴一阳为之道。"将太极引领至哲学的至高境界,说明了太极和道具有相同的结构和功能。作为哲学范畴的太极,其内涵在中国哲学史上不断被丰富,历代不同的哲学家也对此做出了不尽相同的解释。由此可以看出,太极范畴的内涵极其丰富,对它的解释众说纷纭,但其基本内涵为阴阳的分与合的统一。[⑤]

---

① [英]爱德华·泰勒著,连树声译:《原始文化》,广西师范大学出版社2005年版。
② [美]克鲁克洪等著,高佳译:《文化与个人》,浙江人民出版社1986年版。
③ [美]菲利普·巴格比著,夏克等译:《文化:历史的投影》,上海人民出版社1987年版,第99页。
④ [德]李凯尔特著,涂纪亮、杜任之校著:《文化科学和自然科学》,商务印书馆1986年版。
⑤ 王维琦:《太极相谐 动静相宜——论中国古代太极拳"太极"文化的本体及价值义》,《保山师专学报》2009年第4期。

2.2.1 太极文化的渊源与发展

"太极"一说最早见于《周易·系辞》中,书中写道:"易有太极,是生两仪,两仪生四象,四象生八卦,八卦定吉凶,吉凶生大业。"①阴阳者天地初分,清者上升,浊者下降,天地生成。阴阳交媾而万物生成。万物变化无不以太极阴阳理论而变化,人是万物之灵,天地为大宇宙,人体为小宇宙,无论大宇宙还是小宇宙,其变化无不遵从太极阴阳变化的规律。

太极即太虚,"太"者,有极其至大的意思;"虚"者,空虚无物之意。太虚为空空之境,真气所充,神明之宫府。真气之精微无运不至,故主生化之本始,运气之真元。太极乘气动而生阳,静而生阴,这就是太极生阴阳之理。

此外还可以从能量分析:太阳从东面升起,西面落下,宇宙万物被一种强大的动能驱使,奔腾不息,是什么力量推动其前行?伏羲思索再三,用手在地面上画出一个最简单的符号"一"来代表他的想法。我们后人将这个力量暂且称为太极。②所谓太极就是天地未分之前,元气混而为一的一种能量。这一简单的符号,可谓"一画开天",由此发展成为枝繁叶茂的易学。太极这一概念影响了儒学、道教等中华文化流派,成为传统文化的里程碑。

世界千变万化,皆由天地所生。有"盘古开天地"之说:盘古拿一把斧子,将混沌一劈为二,一半为天,一半为地,即天地的来历。混沌初开,天地分明,由"太极"的混沌时期发展到了"两仪"阶段。两仪又各生一阴一阳之象,也就是一

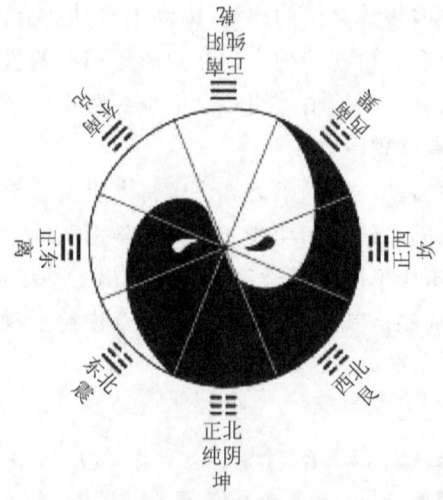

图 2-1 古太极图(伏羲八卦方位太极图)

---

① 严双军:《太极拳》,浙江人民出版社 2007 年版,第 1 页。
② 朱东方:《传统中医数理模型初探》,《中医临床研究》2013 年第 10 期。

分为二,生出四象,四象再各自生阴生阳(一分为二),生出八卦。这一斧砍开的"—""— —"符号,我们称为"爻","爻"成为《周易》中最基本的符号。由此,我们便可以从正反两个方面看问题了。太极与阴阳是世界发展的规律。陈鑫《太极拳经谱》言:"太极两仪,天地阴阳,阖辟动静,惟柔与刚,屈伸往来,进退存亡,一开一合,有变有常。"①这就是传说中的始祖伏羲氏,作为太极文化的创始人和概括者,他始创太极八卦,以古太极图为标志,精辟地阐明了宇宙的阴阳八卦之变,及其生克兴衰之理,如图2-1,这就是太极文化起源。

商朝末年,善阴阳八卦而明天理的姬昌出生。姬昌(前1152—前1056),姬姓,名昌。周太王之孙,季历之子,西周奠基者。商纣时为西伯,即西部诸侯(方国)之长,故亦称西伯昌。建国于岐山之下,积善行仁,政化大行,因崇侯虎向纣王进谗言,后被囚于羑里。被囚时,研究天文地理、阴阳八卦之变,终成周易学说。演绎伏羲八卦而为六十四卦,并作卦辞和爻辞。绘制有文王八卦方位图,即后天八卦图,如图2-2。

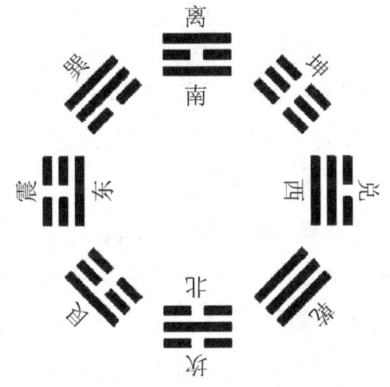

图2-2 文王(后天)八卦方位图

春秋末期,老子、孔子先后诞生。老子(约前571—前471),字伯阳,谥号聃,又称李耳,曾做过周朝"守藏室之官",是中国伟大的哲学家和思想家之一,道家学派创始人。老子在函谷关前著有五千言的《老子》一书,又名《道德经》或《道德真经》。《老子》以"道"解释宇宙万物的演变。孔子(前551—前479),子姓,孔氏,名丘,字仲尼,祖籍宋国栗邑(今河南省商丘市夏邑县),生于春秋时期鲁国陬邑(今山东省曲阜市)。中国著名的思想家、教育家。与弟子周游列国14年,晚年修订六经,即《诗》《书》《礼》《乐》《易》《春秋》。老子、孔子两位圣贤精研"周易",进一步阐明阴阳道理,形成和发展了太极文化。

唐五代末,陈抟老祖转世。陈抟(871—989),字图南,号扶摇子,赐号"白云

---

① (清)陈鑫:《太极拳经谱》。

先生""希夷先生",北宋著名的道家学者、养生家,尊奉黄老之学。关于陈抟,世间传说甚多,亦多神奇。他研究周易甚深,融儒佛道三家思想于一体,有先天太极图等三图传世,并将无极图刻于华山石壁,传于后世。先天太极图,如图2-3。

图 2-3　先天太极图(天地自然之图)

宋朝中期,理学奠基人周敦颐出生。周敦颐(1017—1073),字茂叔,谥号元公,北宋道州营道楼田堡(今湖南省道县)人,文学家、哲学家,宋朝儒家理学思想的开山鼻祖。周敦颐以儒家学说为基础,融合道学,间杂佛学,提出"太极而无极"的宇宙生成论。他把陈抟的无极图发展为周氏太极图,著有《太极图说》一书,以阴阳动静解释太极和两仪关系。他精辟地阐述天地万物的生成演变过程,为太极文化的形成奠定了基础。就周氏太极图而言,就有所谓的"源流"问题。仅从流变而言,有朱熹改造之图;有见于《正统道藏·周易图》之图;有见于杨甲《六经图·大易象数钩深图》之图;有见于朱震《汉上易传卦图》之图。究竟周氏太极图的原貌是何等样子?学界至今尚未有定论。①

到元明清各朝代,又有众多名家的多种太极图示及相关阐释问世。虽各执一词,但其均未超出阴阳之道——即阴阳"易"变之"道"规律。尤其是宋元时代张三丰,精心研创了太极拳术,是太极文化发展史上的丰碑性人物。②

2.2.2　太极文化内涵及其与中国文化的融合

太极注重松静为本、阴阳相济、以柔克刚,追求体魄毅力的修为、精神意气

---

① 郭彧:《〈周氏太极图〉原图考》,《周易研究》2004 年第 3 期。
② 李建真、张兴洲:《太极文化的渊源与发展》,《武当》2011 年第 1 期。

的修练,亦即天人合一。第一,太极的构成符号特殊。通过动作和招式等形体文化、器械和套路的变化展现着太极文化,实现技、艺、武术的融合。第二,太极神韵讲的就是神与形的结合。借助技术和行为的双重兼修展示太极文化内涵。第三,太极伦理文化凸显阴与阳之间的变化规律。太极拳的运动是连续的圆运动,重视阴阳转化平衡,形成圆圈的文化特点。①

太极文化植根于中华民族文化土壤。在千百年的发展历程中,它充分汲取了儒学伦理思想、易学哲学思维,兼及了道、佛、养生等学说和医学思想,海纳百川,积淀深厚,内涵丰富,体现于中国文化的许多方面。太极与儒、道、佛三者间互相配合,一同构成中国至高无上的文化境界。

第一,太极文化体现着道德规范、为人、养生等内涵。太极讲究技击,注重强身健体,同时注重内外兼修,"德"为首位。道家主张道法自然、返璞归真等,太极重视自然、静心、少牵制等,二者高度契合。

第二,体现佛学中的禅。重视胸襟博大广阔,守礼谦让,以期心静如水,达到禅定境界。

第三,太极吸纳了兵法中的部分技法,如虚实、进退、松沉、动静、刚柔等。尤为重要的是汲取了兵法中的欲进先退、虚虚实实、以静制动等思想。②

总之,中华文化广博高深,历史悠久。太极文化植根于传统文化土壤,不断汲取着传统文化的营养,一步步发展壮大。而传统文化也因太极文化的渗透使其宝藏更为丰富。它们互相配合、相互关联、共同发展,使中国传统文化内涵更具魅力,也使太极文化于柔和舒缓、连绵不绝的身体活动中书香四溢,超出一般健身方式的健身功效,悠闲、舒适而乐趣无穷,内蕴丰厚。

2.3 太极拳文化

以上所言,可以看作是广义的太极文化。狭义地讲,太极文化指的是以太极拳为中心,在其历史发展进程中形成和积累的物质文化和精神文化的总和,是太极拳技术及相关理论的总称。

太极拳文化具有深刻的内涵,可分为三个层面:其表层是太极拳动作、招式、套路,物态化的器械以及具有特殊形式的太极推手、太极对打等技术方面的形体文化。其中层包括太极拳理论,各种太极拳书籍及音像制品、音乐、图片,太极拳传授形式、方法,竞赛活动的组织、评分方法,以及太极拳等级教练员、考

---

① 谢永广、牛英群:《太极文化内涵的理论探析》,《芒种》2012年第23期。
② 李建真、张兴洲:《太极文化的渊源与发展》,《武当》2011年第1期。

评员评定制度等神韵文化。其最深层或者说属于内核的则是太极人的武德、观念、伦理和行为规范的修养等伦理文化。①

2.3.1 太极拳概说

太极拳,又名长拳、十三势。十三势指的是掤、捋、挤、按、采、挒、肘、靠、进、退、顾、盼、定共13个动作。掤、捋、挤、按对应坎、离、震、兑四正方;采、挒、肘、靠对应乾、坤、艮、巽四斜角,此八卦。进步、退步、左顾、右盼、中定,对应金、木、水、火、土此五行。合起来称作十三势。这是明代著名太极拳家王宗岳对太极拳的释名。另外,太极拳还有"棉拳"和"软手"之说。

太极拳的主要流派有陈式、杨式、吴式、武式、孙式和赵堡架等。中华人民共和国成立后,经过许多人的努力,创编了24式、48式、88式、42式太极拳和32式、42式太极剑等,影响很大。随着太极拳的发展,其内涵不断丰富,综合价值也日益彰显。

总之,太极拳是中华传统武术的一种。它汲取了中华传统文化的滋养,是中国武术发展到一定阶段后出现的精华产品。"武"是其先天属性,其所有理论与技术皆保持着技击性的本色。"养生"是其重要属性,太极拳文化体系和中国其他传统养生术理论上同源、实践上一脉相承。正因为如此,太极拳才能在众多中国武术拳种中脱颖而出,在现代社会大为流行和推广。"修养"是其内核,习练太极拳对身体乃至心灵都有洗涤、滋养、温润作用。"载体"是其外壳,载的是文化。太极拳是肢体运动,肢体运动的形式背后传达出来的是深邃广袤的文化信息。许多人尤其是外国人喜欢太极拳运动,通过习练太极拳对中国文化有了较深的感受和认识,初步领会中华文化的浩渺深邃。

2.3.2 太极拳文化的内涵

太极拳在300多年的发展中,在中国传统文化的浸润和滋养下最终走向成熟,其名称也由"软手""棉拳""长拳""十三势""哲拳",终成"太极拳"。其在发展演变过程中海纳百川,不断丰富和发展,极具中国传统文化内蕴。故而它不仅是一种简单的技击术,更是汇集着中国人特有的思维方式、价值取向和审美观念的武术项目,具有不可复制性。

中国传统文化历来重视人与自然的和谐、人与人的和谐,孟子就有"天时不如地利,地利不如人和"的论述。作为中国传统文化的一个重要组成部分,太极拳受中国传统文化的影响很深,无论其在道德层面还是在技术理论层面,都能

---

① 戴有祥:《"大武术观"下的太极拳传播》,《搏击·武术科学》2011年第12期。

找到传统文化的精神内涵,因而说它代表着东方文化。

1. 天人合一道法自然的法则

"人身一小太极,天地一大人身。""天人合一"是中国古典哲学的一个基本观点,太极拳在产生、发展的过程中,就是把"天人合一"的思想渗透到拳理和拳法中,从而达到逐步完善。道家认为:宇宙为一太极,人身亦为一太极。腹为太极,腰为两仪,两手两足为四象,手足又各分两截为八卦。人与天地构造相吻合,故曰"天人合一"。但人身处尘世纷争,私欲杂念纷繁,很少有"天人合一"的感受。清静无为,超尘脱俗,心与天地合而不为外物所累,人与自然同化而无牵无挂,一切顺其自然,便可达到天人合一。这是一种很美妙很难达到的境界,也是道家隐士不以俗事为然的一个重要原因。

太极拳作为道家拳种,自然也追求人与自然的和谐。太极站桩功中要求:眼似睁非睁,口微闭,舌顶上腭,心神合一,意想两脚如树根入地,真气从头顶下行至脚,人自然与天地相融为一体。这些体现了鲜明的道家特色。

在行功走架时,体会拳架中的刚柔虚实变化,也可有类似的意境体验。杨澄甫先师曾用"浩浩乎如冯虚遇风,而不知其所止,飘飘乎如遗世独立,羽化而登仙"来形容太极拳;西安永年杨氏太极拳协会创始人赵斌老师也有诗云:"意趣环生味无穷,恰似杨柳摆春风。练到柔和优美处,行云流水一般同。"还如太极拳的"掩手肱捶",只有蹬地、拧腰、转胯、含胸、松肩、出拳在一瞬间同时完成,才能将"松、活、弹、抖"的特点表现出来,真正将劲力贯达拳面。这种协调是整体意义上的高度协调,是"天人合一"观在太极拳中的具体体现。

"天下柔弱,莫过于水,而攻坚强者莫之能胜,以其无以易之,弱之胜强,柔之胜刚,天下莫不知,莫能行。"(《老子·第七十八章》)老子"贵柔"的目的在于"胜"。就客观事物而言,老子认为外表柔弱的事物具有更强的生命力或实力。比如,形态柔弱的婴儿比外表坚实的成年人更具生命活力;学识越渊博的人,给人的感觉往往越谦虚;功夫越高深的人越"不敢为天下先"。天下没有比水更柔弱的东西,而现代的"水刀"可以用来切割钢板。所以老子说:"以天下之至柔,驰骋天下之至坚。"柔胜刚强的原因也正是这种内在的恒长持续、充盈不已的强。太极拳从外表上看,软绵绵,慢悠悠,实际上,它练的是内劲不显露于外,重意不重形,不重力。练太极拳,全身松开,不使有分毫之拙力流滞于筋骨之间,以自束缚。然后能轻灵变化,圆转自如。"或疑用意不用力何以能长力?盖人身有经络,如地之有沟洫,沟洫不塞而水行,经络不闭则气通。"如浑身僵劲充满经络,气血停滞,转动不灵,牵一而全身动矣。若不用力而用意,意之所至,气即至焉。如是气血流注,日日贯输,周流全身,无时停滞,久久练习,则得真正内劲。即太极拳论所言:"极柔软,然后极刚强也。"太极拳功夫纯熟之人,臂膊如棉裹铁,分量极沉。正是"由松入柔,积柔成刚"。

2. 二元对立矛盾统一的规律

世间任何事物都是矛盾的统一体。正所谓"日中则仄,月满则亏"。事物皆由"阴"与"阳"这两个对立统一的元素构成。阴阳消长,有明必有暗,有欢乐则必有痛苦。天地万物都在这种阴阳消长的规律下运行着自己的生命历程。

"一阴一阳谓之道","道生一,一生二,二生三,三生万物,万物负阴而抱阳,充气以为和",揭示出事物中正反、强弱、生死、远近、前后、上下、虚实、难易、动静、快慢、刚柔、美丑等诸矛盾,"负阴抱阳",既对立又统一,彼此相互关联、相生相成、相形相亲。"阴不离阳,阳不离阴,阴阳相济,方为懂劲""有上即有下,有前即有后,有左即有右,如意要向上,即寓下意""左重则左虚,而右已去;右重则右虚,而左已去"。清代①王宗岳的《太极拳论》,其中就涉及了阴阳、动静、屈伸、急缓、隐现、左右、仰俯、进退、强弱、快慢、远近等十几对阴阳对立的矛盾关系,正是在这些对立统一的矛盾中产生了和谐,太极拳家们把这些思想理论与太极拳实践结合而形成了具有深厚哲理的太极拳术。

3. 阴阳相济万物之纲的根本

奠定了我国中医基础的《黄帝内经》认为,万物和人体均由元气构成,元气又分为阴气和阳气。"人体有形,不离阴阳","生之本,本于阴阳",人体处于阴阳对立的平衡中,失去阴阳平衡,便会发生疾病。"阴阳者,天地之道也,万物之纲纪,变化之父母,生杀之本始",所以,《国医指南·阴阳之义》中有"凡人乃阴精阳气合而成之者也。病之起也,亦不外乎阴阳二字,和则生,不和则病"之说。《黄帝内经》也讲,经脉是血气运行的通道,外接于肌肤,内达于五脏六腑,人各个器官因此而成一个整体。"五脏之道皆出于经隧,以行气血,气血不和,百病乃变化而生,是故守经隧焉。"阴阳不平衡的表现是经络不通,故中医有言,通则不痛,痛则不通。"阴不离阳,阳不离阴,阴阳相济,方为懂劲",通过分虚实人为地制造不平衡,外动引内动,使经络畅通,恰是太极拳的精髓。太极拳打拳要求精神集中于练拳上,即"气宜鼓荡,神宜内敛"。这充分说明太极拳具有调心、调神的功效。由于练拳时要求"精神内敛",这样可使大脑皮质排除干扰信号,建立新的兴奋抑制转化过程,从而可使人体内受损伤的各种细胞或机制有自我修复的时间和机会,尤其可使平时紧张的大脑神经得到休息和调整。

《黄帝内经》记载有:"上古之人,其知道者,法于阴阳,和于术数,食饮有节,起居有常,不妄作劳,故能形与神具,尽终其天年,度百岁乃去。今时之人不然

---

① 王宗岳所处年代,一说为明万历年间,一说为清乾隆年间,学界尚有争议,本书作者倾向于王宗岳所处年代为清代。

也,以酒为浆,以妄为常犷醉以入房,以欲揭其精,以耗散其真,不知持满,不时御神,务快其心,逆于生乐,起居无节,故半百而衰也。"讲的全是预防疾病,保持健康,正威则邪不侵,体壮则疾病不生的道理。太极拳运动便是这些道理的切实体现。比如,太极拳中的身法与养生的关系。如虚领顶劲,要求头放正,颈项放松,有如头顶一碗水,头为诸阳之会,一身之正,头正带动躯干正直,有助于提精神防萎靡。又如沉肩坠肘,松腰提臀。人体中一些重要的经脉多经过肩、肘、腰胯,放松这些部位可使气血流通,通经活血,改善代谢,防治各种关节疾病。再如含胸拔背。含胸拔背时,呼吸是逆腹式呼吸。前者利于胸肌放松,增加脊柱韧性;后者使膈肌上下运动,胸腔上下径增大,扩大肺的运动,使肺的通气量增大,呼吸深度加强,从而加强气血循环,增强体质;膈肌的运动可对内脏有效地进行按摩,有利于脏腑的保健。

太极拳依据中国传统的阴阳辩证哲理,在调整人体身心机能的种种矛盾中,确实有许多微妙的功能。首先,把握阴阳的全息性,力求修炼一个和谐的整体。比如,"野马分鬃",不能两只胳臂和手向两侧挒,须是全身都在配合运动。左手要前插、上挑,再顺缠外挒,开右胸,右掌往下按采,左腿里扣是支撑点,右腿是蹬力点,再配合胸腰螺旋旋转,周身一家,须完整一气运动方可。这套拳,无论大小动作,都要全身配合,强调力量集中于一点。其次,阴阳对应、对称,以求肌体的动态平衡。比如,"金鸡独立",要"逢上必下",左掌往前上方托,提左膝,而同时右胯必须松胯下沉,右掌下按,这样会锻炼右腿的耐力,促进大腿肌肉的发达,不能上肢、下肢整个身子都往上提升。要有阴有阳,有升有沉,有左有右,有上有下,要阴阳相应。比如,"金刚捣碓",右手握拳上冲,突肘,提右膝,左胯同时向下松沉,体现轻沉兼备的风格。再次,阴阳相互包容,以求肌体各个系统之间的互补、相济。比如,"白鹤亮翅",上面两臂捌开,两手相合,中节开,梢节合;下面则是脚合裆开,开中有合,合中有开,这就是阴阳互相包容。再比如"初收",两手合时,两臂要拥圆;若两臂夹贴肋部就只有合,没有开了。所以要阴阳开合相寓,阴阳互相包容。

4. 神韵

这也是中国传统美学的主要特征,早已渗透在太极拳理论和实践之中。观看太极拳大师的表演,往往能感到他们身上具有的太极神韵。"太极拳之拳架,由于造型美,动作刚柔相济、开合相寓、虚实互换、快慢相间、松活弹抖、动作螺旋,充满了对称和谐之形,波浪节奏之姿,轻沉兼备之态,气势磅礴之势,外示安逸之神,给人以潇洒而浑厚、轻灵而凝重、舒展而紧凑、活泼而庄重,情景交融的意境之美。真可谓'虽曰习武,而文在其中',而且理在其中,情在其中,景在其中,久练此技,必然会趣味横生,奇妙无穷。"①恰恰就是这种极其美妙的太极神韵,吸引无数后来者趋之若鹜,沉浸其中,乐此不疲。

5. 哀而不伤怨而不怒的中和之美

这是中国传统美学追求的最高境界。太极拳无论是情感还是技术表现,都呈现的是中和之美。

6. 以善为美的处世原则

关于这一点,从太极拳的技法上就可以看到,舍己从人、以柔克刚、后发制人,贵柔、无为、效法自然、不敢为天下先为本等,都是很好的表现。太极拳修炼讲究"虚静",以虚静养浩然之气,以此作为一种生命方式和处世之道,甚至作为一种人生归宿,也是一种高境界。这一切,都与道家的思想高度契合。

中国传统的太极拳,具有东方民族体育的浓厚色彩,蕴含着中国传统哲学中的养生思想、伦理观念,注重内外兼修,融健身与修性于一体,故有人称其为"哲拳"。人们长期修炼,能调心、静神、养形、乐群,达到"天人合一,内外合一,形神合一"的最佳境界。

太极拳作为一种优秀的传统文化,它既是武术,但又绝不是一般的武术,它之所以能有那么悠远深长、经久不衰的感人魅力,正在于它深深植根于中国传统文化的肥沃土壤之中,不断汲取营养,终成中华武术宝库中一颗不断闪耀着文化光辉的璀璨明珠。②

2.3.3 太极拳的起源、发展及演变

本书在实地考察和文献史料研究的基础上认为"太极拳"一词最早见于武禹襄的长甥李亦畲(1832—1892)于光绪七年(1881年)手书三册传世,俗称"老三本"。赠郝和本封面题名《王宗岳太极拳论》,下注"后附小序并五字诀"。"太极拳"之名,王宗岳和武禹襄的拳论见诸文字记载的,均首先出于此抄本。这是太极拳之名在官方史书中的最早记载。同时,也说明了永年人杨露禅、武禹襄所传拳术已正式定名为"太极拳"了。但是由于王宗岳是位传奇式的人物,关于此人的生平和著作,目前学术界说法不一,尚无定论。亦有研究者提出《太极拳论》是武禹襄的化名之作。不管上述观点孰是孰非,肯定的一点是王宗岳的《太极拳论》原件谁也没看到过。

1. 关于太极拳发源地

太极拳发源地时不时会成为热门话题,说法纷纭。有说太极拳创始于元末

---

① 马虹:《陈氏太极拳拳理阐释》,北京体育大学出版社2001年版,第60页。
② 李永兰:《太极拳运动的文化意蕴解读》,《河南农业》(教育版)2016年第6期。

明初的张三丰,有说始于唐代的许宣平,有说陈家沟太极拳系得于蒋发,蒋发又得于王宗岳,等等。现在,学界经过几番去伪存真的考证考核之后,初步认定太极拳创始人为陈王廷。

首次对太极拳起源提出质疑的,是直接求学于陈家沟的杨露禅和武禹襄。最早在书稿中出现的与太极拳起源相关的历史人物,是明代尊为内家拳传人的张三丰,始现于1867年李亦畲《太极拳谱》初稿。

李亦畲是武禹襄的徒弟。"太极拳创始于明代张三丰"一语出现在1867年《太极拳谱》初稿之后,受到了当时还健在的杨露禅和武禹襄的质疑,而作者李亦畲自己也感到此说并无依据。因此,在修订《太极拳谱》时将此语改为:"太极拳不知是创始于何人",并以李亦畲手订落款,告知读者以此为准。

李亦畲之所以这样记载,原因大概有三点:一是当时的杨露禅已经到宫廷里教拳,若说他的拳学自陈家沟的这个无名小山村,恐没面子。二是明代张三丰是内家拳的始祖,挂靠在他这里不但有面子,还能让人信服。三是这本《太极拳谱》写作比较随意。

1867年,张三丰创拳之说已被杨露禅和武禹襄否定。但是陈家沟依然闭塞,"不知秦汉,无论魏晋",外面发生的事情,陈家沟人一概不知。

1927年,时任中央国术馆副馆长的陈泮岭(1891—1967,武术教育家)到陈家沟学习、考察和研究太极拳,后于1963年在我国台湾出版了《中华国术太极拳教材》。他在序中写道:"太极拳之盛行于国内者,有杨家、吴家和郝家。吴家太极出自于杨家,郝家太极出自于武家,杨家与武家皆出自于河南温县陈家沟所传授,故陈家沟实为太极拳发源地。"

在1930—1932年间,旧中央国术馆总编、拳界名宿唐豪(字范生),曾约陈子明做向导,先后三下太极拳发源地——河南温县陈家沟,历经数月,深入调查研究,考查了《中州文献辑》《温县县志》《陈氏家谱》以及陈鑫著的《陈氏太极拳图说》,拍摄了有关太极拳以往的人物遗像、遗物、碑碣、坟墓和时人的拳照等历史资料,才证实了太极拳的鼻祖是明末清初时期陈家沟陈氏第九代的陈王廷(字奏廷,约1600—1680)。[①] 追溯到陈王廷是在他始祖陈卜所遗留的世传拳械的基础上,汲取了当代诸家拳路的特长,熔为一炉,推陈出新地创编了太极拳。1964年,唐豪又与武术名家顾留馨合著《太极拳研究》一书,对原来的结论进行了更全面的考证,用翔实的史料佐证和断定陈家沟为太极拳的发源地。

1986年,中国武术研究院在北京成立,第一个课题就是考证太极拳的发源地。当代武术家、史学家康戈武先生对太极拳进行了长达20多年的考证、梳

---

① 严双军:《太极拳》,浙江人民出版社2007年版,第12页。

理,他在《〈陈氏太极拳图说〉再版序》等著述中多有阐释。进入21世纪以来,鉴于太极拳在世界范围内日益增长的影响力,政府相关部门如国家体育总局、文化部、文联、中国民间文艺家协会等部门相继组织专家、学者进行了长时间的考察调研和深入、系统的挖掘整理。2007年8月29日,来自世界各地的上万名太极拳爱好者云集陈家沟,见证"河南温县陈家沟为中国太极拳发源地"授牌仪式。至此,太极拳发源地终于尘埃落定。

2. 关于陈式太极拳的起源

陈式太极拳发源于河南温县陈家沟。陈家沟位于温县城东的清风岭上,600年前叫常阳村。《温县县志》记载,明洪武初年,元朝的铁木耳镇守怀庆(怀庆府管辖八县,温县在内),明兵久攻不下,太祖急于统一天下,迁怒于民,大加屠戮,时温民死者甚多……相传有三洗怀庆之言。人烟几绝,乃迁民填补,屯田垦荒。十有八九由山西洪洞迁来,当地至今尚有"问我祖先何处来,山西洪洞大槐树"的说法。

陈氏始祖陈卜,原山西泽州郡(今山西晋城),后来由泽州迁居山西洪洞县。明洪武七年(1374年),迁居河南怀庆府(今沁阳)。因陈卜为人忠厚,精通拳械,为近邻乡民所敬重,故将其居住的地方命名为"陈卜庄"。后因陈卜庄地势低洼,常受涝灾,故又迁居温县城东十里的常阳村。因村中有一条南北走向的深沟,随着陈氏人丁兴旺,常阳村易名为"陈家沟"。

陈卜居温县后,为奠定家业基础,偏重于垦种兴建。先是六世同居,再是七世分家,兴家立业,人丁繁盛。为保卫桑梓,陈氏先祖在村中设武学社,教授子孙。1711年,陈氏十世祖陈庚为陈卜立碑,简单记述其生平。关于拳艺、人物、事迹的文字记载,是从陈氏九世祖陈王廷开始的。

《温县县志》和《陈氏家谱》有记载,陈王廷在明末拳术已著名。于拳术更加细致研究,又悟出好多心法,代代相传,成为独特之秘。陈王廷精于拳械,文武兼优,影响遍及河南、山东一带。年老隐居期间,依据祖传的拳术,博采众拳家之长,结合太极阴阳之理,参考中医经络、导引、吐纳之术,终成拳法,定名为"太极拳"。陈王廷传授下来的有一至五路太极拳和刀、枪、剑等器械的练习方法。其中最具独特风格的是双人推手和双人黏枪。因年代久远,陈王廷的著作现尚存《拳经总》和《长短句》。陈式太极拳,迄今600多年,多有改进。至陈长兴时,由博而约最终定型。

3. 其他种类太极拳的发展

在杨露禅、武禹襄等分别赴陈家沟拜师学艺后,陈家沟的太极拳迅速从家族式的民俗文化上升至都市的宫廷文化和健身文化,并且在清末至民国期间,又逐渐演变出杨、吴、武、孙等几大流派。其中,杨派对太极拳的传播推广起到了重要的桥梁作用。

杨式太极拳始祖杨露禅是河北永年人氏,他师出于陈长兴,并与其子杨健侯、其孙杨澄甫等人在陈式太极拳的基础上,创编发展出了"杨式太极拳"。

杨露禅在清宫王府教拳时,满族人全佑从学于杨,后又学于其子杨班侯。全佑传其子鉴泉,后鉴泉从汉姓为吴,他将杨式太极拳修改定型,自成一家,发展为"吴式太极拳"。

清末武禹襄向杨露禅学习陈式老架太极拳,后又从陈清萍处学习赵堡架,然后结合自身的创意与想法,创编了"武式太极拳"。

河北完县(即今河北顺平县)人孙禄堂,学习形意拳、八卦掌、太极拳。他在此基础上创编出"孙式太极拳"。

清末,河南温县赵堡镇太极拳名家和兆元(1810—1890)创立"赵堡太极拳"。这是在陈式太极拳架的基础上演化发展而成的一种套路。

2.4 太极拳养生文化及其生理学基础

2.4.1 传统养生文化

"养生"一词,原出自《管子》,乃保养生命以达长寿之意。在漫长的历史长河中,健康长寿一直是人类追求的永恒主题。就有文字记载的历史确切性而言,中国养生文化的萌芽大概可以上溯到殷商时代。最早出现"养生"一词的是于战国时期问世的《庄子·养生主》,其源出自《老子》:"摄,养也。"西汉时期出现的导引、五禽戏即是养生功法。由此可见其时空绵延之长,内涵自然极其丰富。传统文化中的养生,从来就不是一个孤立的概念。道家讲究养生,源于"道法自然"之观;孔子的"仁者寿"(《论语·雍也》)、"大德必其得寿"(《礼记·中庸》)的观点,总是与"修身齐家治国平天下"等紧密结合在一起。中国养生文化内容繁杂,糅合了儒、道、佛及诸子百家的思想精华,充满生机而又闪耀着东方神秘色彩。但无论内涵怎样复杂,中国养生文化所关注的重点是如何在已然的客观条件中努力发挥人的主观能动作用,以便达到祛病延年的养生目的。

2.4.2 太极拳养生文化

太极拳养生文化依赖太极拳的出现而后萌生,伴随太极拳的发展而日渐丰富。太极拳养生文化依托太极拳而存在,是学界普遍接受的事实。太极拳养生文化走过了一个由无到有,不断丰富、不断完善的过程。

王宗岳依据北宋周敦颐的《太极图说》阐述陈氏所创拳术,使之理论化,著成了太极拳的经典著作《太极拳论》。《太极拳论》的问世,标志着中国传统文化已经渗入太极拳之中,并启迪着源源而来的太极拳著述。在益寿延年的养生宗旨影响下,太极拳的养生功能开始得到重视。特别是在陈氏十四世陈长兴这一时期,陈式太极拳传外人杨露禅。杨露禅在永年、北京等地传习拳艺时期,是太极拳养生功能开始明朗的转折点。杨露禅改编了陈式太极拳动作,而推出早期杨式太极拳套路,为太极拳养生指明了方向。从此,太极拳便以其优雅舒缓的形式,祛病健身的功效得到了社会各阶层人士的喜爱而日渐流传。有《十三势行功歌诀》中"详推用意终何在?益寿延年不老春"为证,说明当时的太极拳家们已经从练拳实践中感悟到了太极拳的养生实效。杨、武二式太极拳扬弃了陈式太极拳的难度动作,简化了缠法动作。可见当时太极拳的养生作用日益明显。吴、孙二式太极拳沿袭的仍然是杨、武二式太极拳缓慢、圆融的运动特征。太极拳的养生功能日趋成为主流。[1]

清末,在火器盛行、国弱民贫的背景下,太极拳的技击功能已逐渐退出历史舞台,太极拳传授者和习练者顺应时代发展的需求,转求其强身健体功能。至民国,追求养生的趋势更加明显。在当时蔚为壮观的太极拳发展历程中,诸多拳家、习练者、政客、学者纷纷将强身健体作为太极拳发展宗旨。1921年蔡元培在为许禹生刊登在《体育季刊》中的《太极拳势图解》所作的序中称赞其书"手此一编,病夫无恐"。蒋介石在杨澄甫1934年出版的《太极拳体用全书》中题词"锻炼身心",更有甚者认为太极拳"未病者能使永无疾病;已病者虽沉疴宿患,皆能拨出。虽属技艺,称为医王有何不可?"[2]。由此可见,"强身健体"已然成为太极拳技术、理论发展的宗旨。

在太极拳养生文化的发展进程中,太极拳对传统养生文化充分借鉴吸收,并根据时代变化进行变革。

太极拳的养生文化主要来源于道家文化、儒家文化及中医养生思想。这是本源层面。就太极拳本身看,这种借鉴吸收变革还表现在以下两个方面,一是形态的变革:在太极拳确立以强身健体为发展宗旨之后,太极拳的技术逐渐发生形态的变革。在技术方面,各个流派均呈现删繁就简、去难存易的发展态势。在特殊的时代背景下,诸多太极拳家具有依时而变的智慧,努力将太极拳打造为能够被广大群众所接受的形态。太极拳逐渐删减了绝大部分的跳跃、翻滚、发力等动作,向着简化柔和方向发展。二是内在技理向"养生化"方向的发展:太极拳的理论乃是向着系统化、养生化的方向发展。其技术理论不断吸收借

---

[1] 王玉川:《中医养生学》,上海科学技术出版社2001年版,第101~109页。
[2] 谭华:《体育史》,高等教育出版社2005年版,第277页。

鉴,容纳了多家学说,其中养生内容尤为丰富。

1881年前后,武派太极拳家李亦畲将王宗岳的《太极拳论》和武禹襄的太极拳论文加之自己的拳论,手抄三份,此"老三书"成为近代太极拳的经典之作。其中首次出现了"先在心,后再身,腹松,气敛入骨,神舒体静,刻刻存心""心静、气敛、神聚""其以直养而无害"等内容,已与中国传统养生思想中"精气神"的修养内容有相通之处。其后许多太极拳著述都延续了《太极拳论》中心、气、神的观点,并不断转述、发微,并逐渐形成了以唐豪为代表的"太极拳把武术中的手、眼、身、步法的协调动作同'导引''吐纳'结合起来,这就使太极拳成为整体的、内外统一的内功拳运动"[①]的观点。除导引、吐纳之外,养生中的经络、气血、养神、练气等理论也被移植到太极拳身上,成为太极拳养生文化的一部分。

当今的太极拳养生文化,是容纳了养生、体育、医学、心理等多学科的系统,共同以太极拳为载体,以延年益寿、祛病防病为目的的一个体系,而且随着现代科学技术的不断发展而丰富和完善。[②]

2.4.3 太极拳养生文化的生理学基础

太极拳集技击、养生、哲理于一身,在松静自然的动作中,追求气沉丹田,讲究深、长、匀、细的呼吸,以虚灵之心,养刚中之气,达到培本养元之根本。太极拳讲究和顺,把人生修为融贯于悠悠运动之中,陶冶人的情操和胸怀,把心理、生理、人生哲学连在一起,把心理平衡、延年益寿、生活情趣融合成一团,从而实现身与心的全面健康。

具体说来,太极拳的养生作用主要表现在疏通脉络、调节神经、调节内分泌、促进新陈代谢、调节运动系统、净化心灵等方面。

1. 疏通脉络

太极拳内功要领,要求在练拳时将舌平放,以舌尖自然轻抵上腭。作用在于沟通任督两脉,使行气顺达。如果做到了就可在练拳过程中产生大量唾液,内功修炼中称之为"金津玉液",吞咽入腹有温养之效。

把口唇轻闭、牙齿扣拢,舌尖即会自然地轻抵在上腭与上牙龈之间(实为龈交穴内侧),而绝不可将舌头翘起用力抵住上腭。舌体宜直不宜卷,宜轻不宜重,否则用力过度会造成精神和肌肉紧张,身心则难以入静且不易进入练功要求的境界。静坐往往有津液满口的现象,并感觉清而甜。此时,应用吞津法将

---

① 唐豪:《太极拳研究》,人民体育出版社1999年版,第5页。
② 张立新、李小燕:《太极拳养生文化的孕育、产生与发展》,《体育成人教育学刊》2012年第4期。

津液吞入腹内。即舌顶上腭不动,将津液吮至舌根徐徐吞下,据说这样引吞能直接入任脉化为阴精,是造精之捷径,健身之妙法。在练功中,一般不要刻意舌抵上腭,如感觉舌抵上腭不舒服,影响到练功入静,就不用要求做到位。当通督脉后要接通任脉时,自然会有种磁吸力让舌头贴到上腭去贯通任督脉。

"舌舐上腭"的作用:一是产生津液,二是接通任督脉。随着练功时间的延长,在练功的过程中,口腔难免会产生很多唾液,此时,把唾液分为三口,随意念将其缓慢吞下送至丹田中。中国古人把唾液叫作琼浆、玉液、金津,可见古人对唾液是十分重视的,为脾胃"后天之本",以固护肾"先天之本"。

2. 调节神经

放松是太极拳的基本原则,是一切技术动作的出发点。放松主要包括:精神状态的松弛,心静如水,平和自然,无杂念纷扰;呼吸的轻松流畅,如微风拂柳,柔和顺随;形体的舒展放松,肌肉、关节,表里处处松开,化解紧张累积;内脏的放松,各得其位,各应其职,水火相济;动作的松柔,行拳走架舒畅圆润,沉稳和谐。这些方面相辅相成,互为因果。做到"松"主要是肌肉不可有僵硬处,内脏不能有压迫感,思维不能有凝滞点,动作不能有涩硬感。应心气下沉,动作柔和,调整心态,心情舒畅。

3. 调节内分泌

练太极拳时,一般都伴随着音乐。音乐的长短和相应的太极拳套路大体一致。曲调和缓柔润,节奏风格和意境与太极拳吻合,起到导引、放松意念的作用,使习拳者较易进入拳架功境。太极拳音乐基本有两种:一种着眼于整体布局,不与每势动作扣合;另一种将音乐与动作严格对应起来,音乐的发展和拳架同步。练拳时,配乐可增加练习情趣,丰富练习内容,同时又有助于记忆动作和入静,对全身有综合协调作用。另外,配合音乐进行表演和练习可起到有益的调剂作用。

现代科学研究证明,听与自己心理状态相吻合的音乐,能唤起脑内α波和产生"脑内吗啡",古典音乐在这方面的作用较大。脑内α波是一种比较缓慢的脑电波,增强脑中的α波,能使人处于松弛状态。大脑处于α脑波时,记忆力能神奇地提高几倍。"脑内吗啡"是人体产生的一种荷尔蒙,有镇痛作用,能增强人的免疫力,使人体感到舒服愉快。当人处于冥想状态或精神愉悦时,脑内均会大量分泌"脑内吗啡",此时人心情好极了,精力旺盛,思维敏捷,自身免疫力也明显增强。历代高僧大都健康长寿,主要是他们能够长期做到平心静气、修身养性,善于利用"脑内吗啡"的结果。

由于音乐的这种神奇作用,不少教育家用音乐来提高教学效果,不少医学家用音乐作为治疗病人的辅助手段。有不少太极拳爱好者说,跟着太极拳音乐或自己喜欢的音乐习练时,感到非常舒服,练拳后非常轻松。这种美妙的感觉就是音乐唤起脑内α波和产生"脑内吗啡"的结果。

太极拳运动本身具有较好的养生效果,如果再加上音乐的效果,就会更进一步地提高太极拳运动的养生效果。

4. 促进新陈代谢

人体的血液担负着为周身各组织器官供给营养的作用,心脏则是血液行动的动力。久练太极拳,不但可以促进心肌收缩力的加强,血液输出量的增加,提高心脏的工作能力,而且可以使内气畅通,有利于毛细血管内外物质的交换,促进各种组织对氧的利用率,减少肌酸的蓄积。研究证实,太极拳锻炼能延缓心血管机能的减退,提高血液系统的功能,尤其是增强免疫力,增强机体抵抗力。

我们知道,心脏的泵血功能是心脏最基本的功能,心率和血压是反映心血管机能的重要指数,进行10分钟以上的太极拳练习后,心律为120次/分钟左右。因此,它是一种舒缓的运动,练习后会感觉身体特别轻,心情舒畅。练习太极拳对调整血压很有帮助。太极拳练习后恢复期内舒张压低于运动前水平。由于舒张压影响冠脉血流,运动后舒张压下降对于心肌供血具有重要意义。运动后即使收缩压上升幅度不大,恢复期内有所下降,但维持较高的脉搏压差,这说明太极拳可以减少外因阻力,改善周循环。舒张压较低对冠状动脉血流的心肌供血具有重要意义,对高血压患者具有良好的保健效果。另外,太极拳的很多姿势要求"气沉丹田",这是一种膈式呼吸。膈肌与腹肌的收缩与舒张促使腹压不断改变,促进血液回流,改善血液循环状况,加强心肌营养,对机体是一种良性刺激。研究发现,练习太极拳后,左心室收缩末期内径减小,舒张末期内径增大。根据 Starling 定律,心脏收缩产生的能量是心肌纤维长度的函数,随着舒张末期内径的增加,舒张末期容积同时增加,必然引起心肌纤维初长度的增加,从而使心脏收缩力加强,有利于血液的排出。所以,常练太极拳对高血压、慢性冠心病、高血脂症、动脉硬化症均有较好的防治作用。

5. 调节运动系统

太极拳与短跑等一些无氧项目不同,它是一项有氧运动。所谓有氧运动,是在有氧代谢状态下做运动。长时间进行有氧运动,可使心(血液循环系统)、肺(呼吸系统)得到充分有效的刺激,使心、肺功能得到提高,从而使全身各组织、器官得到良好的氧气和营养供应,维持最佳的功能状况。有氧运动一般活动时间比较长,30分钟~60分钟为最佳。而无氧运动虽能够增强人的肌肉及爆发力,但不能有效地刺激心、肺功能,健身效果不如有氧运动。长期坚持有氧运动能增加体内血红蛋白的数量,提高机体抵抗力,增强大脑皮层的工作效率和心肺功能,增加脂肪消耗,防止动脉硬化,降低心脑血管疾病的发病率。

习练太极拳，动作要求缓慢柔和，连绵不断，就像画圆一样，首尾相接，没有断点，动作与动作衔接融洽，行云流水。练习太极拳，会使血压及脉搏减慢，同时又能增加关节的灵活度，对预防骨质疏松症或改善骨质疏松者的生活质量很有帮助。

6. 陶冶情操净化心灵

练习太极拳强调"先在心，后在身"的意识作用，强调"心静"和"体松"两种基本方法。"心静"指在练拳时思想上尽量排除一切思虑杂念的干扰，无论动作简单或复杂，姿势高或低，心理上始终保持安静状态。"体松"指周身协调，全身的肌肉关节、韧带和五脏都处于自然舒展状态。由于现代社会的快节奏，人们工作、学习压力大因而导致一系列的心理问题，进而影响生理或病理，出现心烦意乱、抑郁寡欢、烦躁不安等心理失衡现象。而太极拳独特的圆滑连贯、轻柔沉着的身形，不急不躁、不张不狂的心境，气沉丹田、以心行气的气敛，可以调整心态平衡、修身养性、消除压力，具有健心功效。

练太极拳时要求"心静用意，心无杂念，体松平稳，刚柔并重"。精神集中于"意"，呼吸协调，各器官的获氧量相对提高，使人感觉轻快，压力尽消，情绪稳定平伏。练拳后血气循环畅旺，精神抖擞，工作学习效率提高。

另外，太极拳的"中正安舒、心静体松"八字真言正好是我们立身处世的座右铭。通过练太极拳，可以体会到立身不正之弊，劳劳终日而不得其所。做人只要"中正"，不走歪路，不偏不倚，就可感"安舒"之态。平日只要学会"心静"，抛开生活压力的负担，就能体验到"体松"之感。① 正是"宠辱不惊，看庭前花开花落；去留无意，望天空云卷云舒"，此乃高境界也！

扫一扫二维码

（娄会娟：何谓养生）　（娄会娟：太极拳的养生作用）　（娄会娟：太极拳的中医养生）

---

① 杨现钦：《太极拳养生作用探析》，《河南农业》（教育版）2017年第2期。

第 3 章 太极拳各大流派

太极拳在陈家沟世代传承,自第十四世陈长兴起开始向外传播。陈长兴首传外姓弟子河北永年人杨露禅。杨露禅刻苦学习,认真钻研,后来到京城传授太极拳,动作柔缓,后逐渐演变创编出杨式太极拳;陈氏第十五世陈清萍传拳给温县赵堡镇人和兆元、河北永年人武禹襄,后创编出和式太极拳、武式太极拳、太极拳忽雷架、腾挪架、忽灵架。清朝末期,满族人全佑师从杨家学杨式太极拳后,传子鉴泉,创编出吴式太极拳;民国初期,河北完县人孙禄堂,师从郝为真学武式太极拳后,创编出孙式太极拳;20世纪50年代,陈家沟陈氏十七世陈发科,在祖传拳械套路的基础上,创编出陈式太极拳新架一路、二路。

3.1 太极拳各大流派渊源

太极拳经过近300年发展,已由陈氏一家的独得之秘,衍变成了传播海内外的陈式、杨式、武式、吴式、孙式、和式等诸多太极拳流派。各大流派之间的关系如图3-1。

3.1.1 陈式太极拳

太极拳发源于明末清初的河南温县陈家沟,其他流派均由陈式太极拳发展而来。

陈式太极拳由河南省温县陈家沟陈王廷所创。陈王廷为陈氏第九代人,生于明万历二十八年(1600),明末武庠生,清初文庠生。其祖陈思贵,任陕西狄道县典史,其父陈抚民,曾任征士郎,均好拳习武。

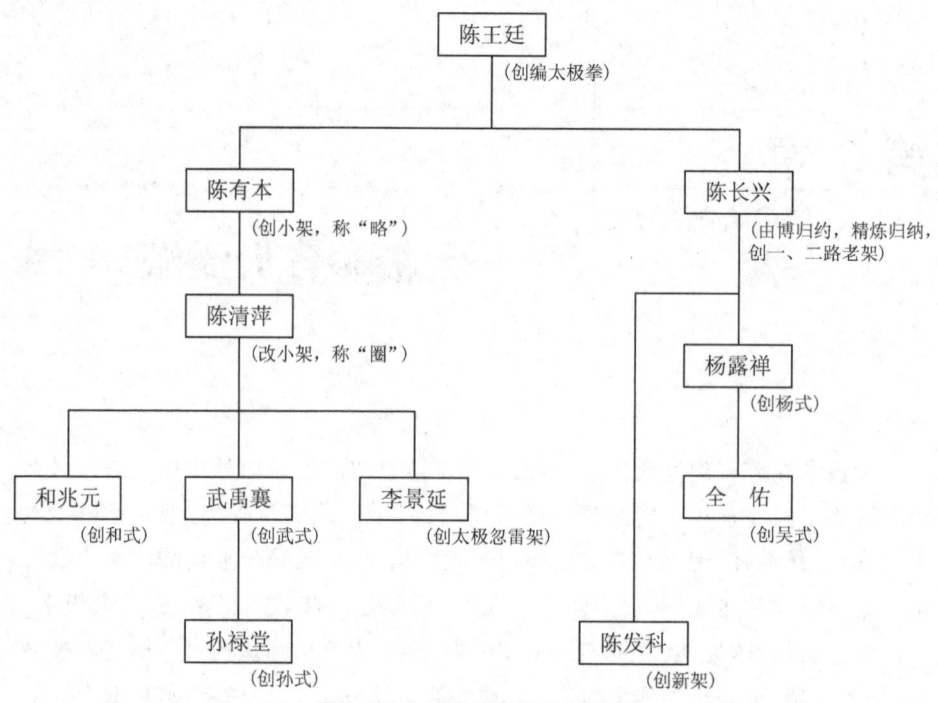

图 3-1 太极拳流派发展衍变图

陈王廷从小刻苦努力,喜欢学习,他白天习武,晚上读书,钻研古代兵器书,照着上面的图练,揣摩、思考,并且熟读诸子百家,功夫不负有心人,最后练得一身本领。到晚年,他隐居乡里,整天诵读《黄庭经》,这本书是有关道教养生修仙的,阐述了很多守固精气的理论和方法,强调内丹、内练、养气,对后来太极拳的吐纳、内气运行、站桩等呼吸方面有很重要的指导作用。他整天以《黄庭经》为伴,潜心研究易学,收集整理民间武术,将中国传统的"天人合一"思想、人与自然和谐、动静结合及阴阳生克之理融合在一起,在家传拳术的基础上,将众家武术之长融汇合成,加上自己平生习武所悟,融中医经络学与道家导引吐纳术为一体,创编了一种刚柔相济、阴阳互化、变幻莫测、威力无比的武术拳种——太极拳。

《温县县志》及《陈氏家谱》中载:陈王廷在明末拳术已著名,于拳术更加研究,又多有心得,代代相传,成为独特之密。因年代久远,陈王廷遗存著作甚少,仅《拳经总歌》和《长短句》,五路拳、一路炮捶、双人推手及器械等套路,向来被视为陈王廷研创陈式太极拳的重要一笔。陈王廷特别看重太极拳习练过程中融阴阳、中医、导引、呼吸、松沉、内紧外收等为一体,促进人们身心协调发展,同时在习练过程中也加强了人们之间的交流,和谐相处,文明交往,助推了社会主义核心价值观的形成。另外,也促进了太极拳产业的发展,使太极拳文化能够在更广阔的天地中发展。

陈王廷《长短句》，其重点词句为："蒙恩赐，枉徒然，到而今，年老残喘，只落得《黄庭》一卷随身伴。闲来时造拳，忙来进耕田，趁余闲，教下些弟子儿孙，成龙成虎任方便。"①

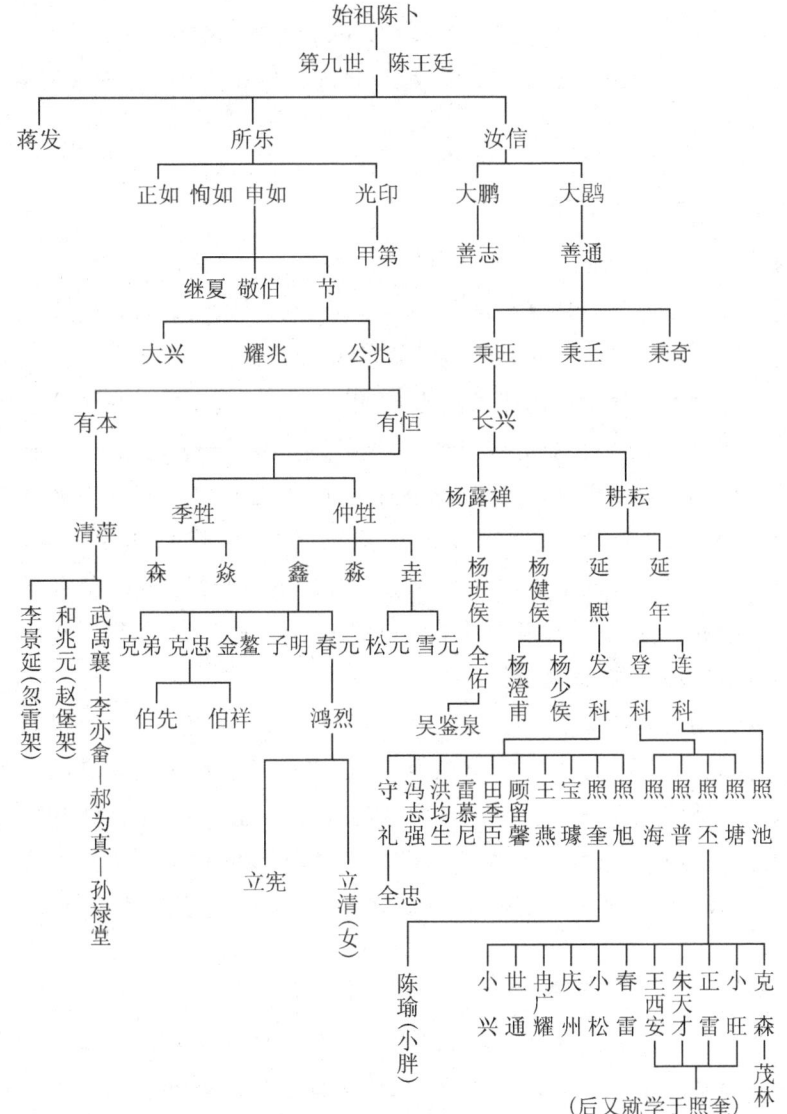

图3-2 陈式太极拳主要传承系统表

（资料来源：陈正雷：《陈氏太极拳术》，山西科学技术出版社2010年版，第10页。）

---

① 余功保：《中国太极拳辞典》，人民体育出版社2008年版，第60页。

陈王廷的代表作《拳经总歌》①曰：

纵放屈伸人莫知，诸靠缠绕我皆依。劈打推压得进步，搬撂横采也难敌。钩棚逼揽人人晓，闪惊巧取有谁知？佯输诈走谁云败？引诱回冲致胜归。滚拴搭扫灵微妙，横直劈砍奇更奇。截进遮拦穿心肘，迎风接步红炮捶；二换扫压挂面脚，左右边簪庄跟腿；截前压后无缝锁，声东击西要熟识。上笼下提君须记，进攻退闪莫迟迟。藏头盖面天下有，攒心剁肋世间稀。教师不识此中理，难将武艺论高低。

3.1.2 杨式太极拳

杨式太极拳由河北省永年人杨露禅（名福魁，1799—1872）创编。

杨露禅在陈家沟先是窥拳自修，后又拜师学艺，太极拳也由此打破了"传男不传女，传内不传外"的门规，衍生了其他诸多流派。

杨露禅为太极拳第七代传人。他18年中三下陈家沟，深得陈式太极拳精髓。他钻研拳术，使动作更舒服协调，去掉了其中难度较大的动作，主要是为了健身。从杨露禅学成教拳，到现在已经有140多年的历史。杨式太极拳还派生出了吴式和李式太极拳。杨露禅是太极拳社会化的关键性人物之一，他的武术服务于广大人民的尚武思想，对后来武术的发展起到积极作用。他在严谨的基础上对传统武技进行改革，是成功的典范之一。他的传人有侯得山、纪子修、杨班侯、杨凤侯、杨健侯、富周等。

杨露禅勤奋刻苦练拳的事迹对后世影响很大。导演冯德伦的电影《太极1：从零开始》中有介绍，120年来，共有87位求拳者来到陈家沟，其中63人听说陈家拳不外传，自动离开，11人在村口落败，5人在集市挂点，剩下的全止于牌楼，除了混进村打杂的八指董爷之外，就只剩下杨露禅了。从这些数字可以看出，杨露禅学拳的艰辛，他的这种锲而不舍的精神在今天很值得大家学习。

3.1.3 武式太极拳

武式太极拳由河北省永年人武禹襄（名河清，1812—1880）创编。

武禹襄是陈家沟太极拳名家陈清萍著名弟子之一，太极拳第八代传人。清道光十三年（1833），同乡杨露禅自河南省温县陈家沟学艺返乡，武禹襄见而好之，常与比较，得以知其概要。约1850年，武禹襄从其学陈家沟太极拳大架（也称老架）。1852年，武禹襄赴河南，在赵堡镇跟从陈清萍学习陈家沟太极拳小

---

① 余功保：《中国太极拳辞典》，人民体育出版社2008年版，第227页。

架40天,潜心专练,尽得其精妙。后获赠王宗岳《太极拳论》,读后大悟。返回后,在钻研陈家沟太极拳大、小架式的基础上,结合《太极拳论》之精华,通过自身练拳体会,融会贯通。经数年精研,他创编出一套"圈小劲捷、紧凑灵巧、势简技繁、术法分明、古朴典雅、端庄洒脱"的新型拳术,后人称之为"武式太极拳"。后传其外甥李亦畬(1832—1892),李再传郝为真(1849—1920),郝传其子月如、少如,以及孙禄堂,后又传张水洪、张开、李景延等。武禹襄的传世著作有《十三势行功心解》《太极拳解》《身法十要》《打手要言》《四字秘诀》《武禹襄太极拳论》等,皆为研习太极拳理论的必读之作。其中《武禹襄太极拳论》是著名的太极拳理论研究著作,主要论述行拳时的身心状态,对于太极拳运动的阐释尤为精彩:

一举动周身俱要轻灵,尤须贯串。气宜鼓荡,神宜内敛。无使有缺陷处,无使有凸凹处,无使有断续处。其根在脚,发于腿,主宰于腰,形于手指。由脚而腿而腰,总须完整一气。向前退后,乃能得机得势,有不得机得势处,身便散乱,其病必于腰腿求之。上下前后左右皆然。凡此皆是意,不在外面。有上即有下,有前则有后,有左则有右。如意要向上,即寓下意。若将物掀起而加以挫之之力,斯其根自断,乃坏之速而无疑。虚实宜分清楚,一处有一处虚实,处处总此一虚实。周身节节贯穿,无令丝毫间断耳。①

3.1.4 吴式太极拳

吴式太极拳由满族人全佑(1834—1902)创编。

全佑先从杨露禅学杨式太极拳大架,后拜杨露禅次子班侯为师学小架,兼得杨家父子之长。全佑习练太极拳以柔化著称,架子斜中寓正、松静自然、大小适中。推手时,守静而不妄动,以善化见长。他根据自己的练拳感悟,在杨式小架太极拳的基础上有所修订。全佑之子鉴泉(1870—1942),又名爱绅,从汉姓吴,自幼秉家学。民国元年(1912),吴鉴泉在北京体育研究社教授太极拳,他对家传的太极拳加以充实和修改,去掉重复和跳跃动作,修改定型,自成一家,形成了一家松静自然、架式紧凑、缓慢连绵、不纵不跳、长于柔化、独具风格的新型拳术,后人称为"吴式太极拳"。传人除吴鉴泉外,还有王茂斋、郭松亭、常远亭、夏公甫、齐阁臣等。

3.1.5 孙式太极拳

孙式太极拳由河北省完县人孙禄堂(1862—1933)创编。

---

① 余功保:《中国太极拳辞典》,人民体育出版社2008年版,第410页。

孙禄堂是清末民初蜚声海内外的著名武学大家,在近代武林中素有虎头少保、天下第一手之称。1912年,孙禄堂在北京遇武式太极拳名家郝为真,郝为真将自己所习太极拳心得传于孙禄堂。1918年,孙禄堂将太极拳、形意拳、八卦掌三家合冶一炉,融会贯通,革故鼎新,创编了动作小巧轻灵、架高步活、柔缓圆活、转换轻盈,运动方向变化多样,步法进退相随,运转开合相接的太极拳新套路,自成一家,人称"孙式太极拳"。这种拳法具有进步必跟、退步必随、小巧圆活、动作灵敏的特点,转变方向时多以开合手相接,故又称"开合活步太极拳"。

3.1.6 和式太极拳

和式太极拳由河南省焦作温县赵堡镇人和兆元(1810—1890)创编。

和兆元是陈家沟太极拳名家陈清萍著名弟子之一,太极拳第八代传人。他19岁师从陈清萍学习陈式太极拳小架,尽得太极拳真谛,钦封"武信郎"。和兆元在原传拳架的基础上,修改架式中的手法、身法、步法与姿势,大大增加技击实用内容,并使架式更顺其自然,完全符合人体生理结构,形成了一套集拳架、推手、散手为一体,三者互为检验印证,寓技击、修身、养身于一道的拳法,既保持了赵堡镇原传拳架又独具特色地创新了太极拳理拳法"代理架",形成"由外带内,周身顺遂浑圆,由内达外,阴阳变易莫测"的理论,这种拳法即"和式太极拳",亦称"赵堡太极拳"。和兆元的长子和润芝、次子和勉芝、三子和敬芝、四子和慎芝及长孙和庆喜皆善太极拳。

和式太极拳有低、中、高三种拳架,其要领有《习拳大歌》。它为和式太极拳名家和庆喜所作,阐述练习太极拳的内外要领和注意事项。全文为:

习拳之道多留心,神敛肌松态自然。腰脊中正虚领顶,气达周身督脉贯。虚虚实实明阴阳,身灵步活弗缠绊。拳守四法晓六合,上走下随意欲先。松肩沉肘气蓄下,妙运精气润心田。招路多拟立圆行,缠绵软柔劲相连。节节体骸归一元,能分易合臻化境。循势舍己借彼力,遂阳就阴达真玄。入门捷径须口援,功夫真善凭自修。盘架有时贵于恒,子卯时分莫间断。学好太极岂曰难,老幼强弱皆宜练。若问习拳有何益,延年益寿身自安。①

扫一扫二维码

(周艳杰:陈式太极拳起源与发展)　(周艳杰:太极拳起源与流派)

---

① 余功保:《中国太极拳辞典》,人民体育出版社2008年版,第415页。

3.2 太极拳各大流派的特点

3.2.1 陈式太极拳主要特点

陈式太极拳主要以老架一路和老架二路为主。

1. 老架一路特点

(1)缠丝劲明显,要求处处留心源动腰脊,有意贯劲于四梢(即两手和两足尖),动作呈弧形螺旋,缠绕圆转并要做到"一动内外俱动";

(2)刚柔相济,柔中寓刚,亦即能打出一种似刚非刚,似柔非柔,沉重而又灵活的内劲;

(3)动作要和呼吸运气相结合,不仅做到"气沉丹田",而且在练动作的同时进行"丹田内转",有时也可在呼气时发声(如呵、哂嘘、吹)以加大劲力;

(4)快慢相间,亦即在动作转换处要快,一般行拳时要慢;

(5)拳路架子可分高中低三种,体弱有病者可以练高架子,青壮年体健者则可练低架子。

扫一扫二维码

(皇心全:太极拳视频)

2. 老架二路特点

二路拳因发力动作多,也称作炮捶。其主要特点是动作比较复杂,刚多柔少,步法多蹿蹦跳跃,身法多闪展腾挪,手法多擒拿摔打,且以采挒肘靠四隅手为主,掤捋挤按四正手为辅。

特别强调一下,"缠丝法"即缠绕螺旋的运动方法,为陈式太极拳练劲的核心。它又叫"抽丝劲",是运用缠丝法训练出来的劲。拳论中言"运劲如缠丝"和"运动如抽丝"。此劲包含以下几个要素:第一,是一种旋转式螺旋运动,在动中转,在转中动;第二,具有连绵不断、细柔若丝、坚硬若铁的特性;第三,是全身整体性协调而产生的内劲,而非表面化的硬劲。练习时身、臂、腿在空间形成立体圆圈,大圈小圈环环相套。初练成外形较大,纯熟悉后,内劲渐强、外圈渐小,进而入空明境界。陈式太极拳在行拳中处处要求缠丝劲。陈鑫《太极拳论》中写道:"打太极拳需用缠丝劲。缠丝者,运中气之法门也,不明此,即不明拳。"

练习缠丝劲时,要沉肘松肩,含胸塌腰,开髋曲膝,动作以腰为轴,一动全动。掌心内外翻转,手往外转,以腰催身,以肩催肘,以肘催手。表现在上肢为旋腕转膀,表现在下肢为旋踝转腿,表现在身躯为旋腰转背。三者合一,形成一个其根在脚,主宰于腰,行于手指的空间曲线。如觉不适,调整重心,以使顺随。足、手缠丝劲路线如图3-3所示。

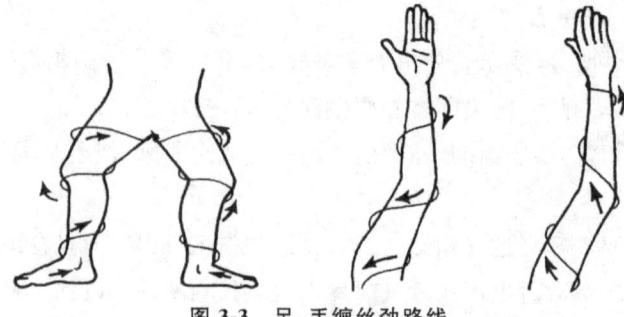

图3-3 足、手缠丝劲路线

(资料来源:余功保:《中国太极拳辞典》,人民体育出版社2008年版,第415页。)

扫一扫二维码

(叶秋霞:缠丝劲)

3.2.2 杨式太极拳主要特点

杨式太极拳"风格匀缓、柔和、舒展大方",精髓为"松"与"沉"。所谓"松",指全身放松,让"气"流通无阻;"沉",是下沉,意念集中在腹部。经过祖孙三代人努力,在陈长兴所传太极拳基础上,经过删减、增补,演化为现在流传的杨式太极拳。杨露禅在授徒过程中,将陈式中跳跃、跌叉、震脚等高难度动作删去,以适合京城清王朝王公贝勒习练,后经其子孙两代修改、定型,形成气派大、形象美、深厚朴实、舒展大方、轻沉兼备、刚柔内含的走架风格。

扫一扫二维码

(杨涛、郑溪仁:合练24式太极拳)

3.2.3 武式太极拳主要特点

武式太极拳姿势幅度比较小,身体要求要"虚领顶劲",虚实分明,动作缓慢柔和,手在自己的一边活动,尽量不要超过中轴线,呼吸自然,步幅要小,属于太极拳系中的小架子,膝关节不准超过足尖,力量在脚上,脚蹬地发力。所做动作要量力而行,气顺通畅,健身健心。武式太极拳原来也有跳跃动作,到郝月如一代,减去了一些跳跃腾空动作,因而更显出静的风格。

3.2.4 吴式太极拳主要特点

吴式太极拳功架紧凑、松静自然、柔和缜密、做动作时身体稍前倾,太极拳身架要大小合适,重心根据自己身体状况调整,不要以为越低越好,这样有损膝关节。跟着音乐做动作,心情舒畅,动作优美。如行云流水,轻灵圆活,外松内紧,棉里裹针,内实精神,外示安逸,动作贯串之特有风格。

3.2.5 孙式太极拳主要特点

动中求静、抱圆守一,顺中用逆、逆中行顺、一气贯穿、连绵不断、纯以神行。松、空、圆、活,精刚之至,以式达理,中和含蓄。是于松、空、圆、活之中含有精刚之至之意。以式达理是拳式与道理的统一。该式能合形意、八卦、太极三家并用,具有丢而不丢,顶而不顶之能,达劲力完备之效。

3.2.6 和式太极拳主要特点

拳架中正松柔、轻灵圆活、顺遂自然,集拳架、推手、散手合为一体,具有技击、强身、养生等功效,充分展示了太极拳的独特魅力。行功走架又称"耍拳",即追求顺遂自然,是和式太极拳的独特之处。走圆或弧线是和式太极拳主要运动形式,和式太极拳的招式运行以圆为宗,有"圈太极"之称。

3.3 陈式太极拳在武术方面的成就

3.3.1 陈式太极拳常见套路简介

由于最早出现的太极拳是陈式太极拳,因此它创编的常见套路也比较多,有老架一路(共74势)、老架二路(共43势)、小架一路(共72势)、小架二路(共42势)、新架一路(共83势)、新架二路(共71势)、太极单刀(共22势)、太极单剑(共49势)、太极双刀(共34势)、太极双剑(共38势)、梨花枪夹白猿棍(共71

势)和春秋大刀等等。它们各有特点,老架一路和老架二路是目前练的最常见的套路,也是最基础的拳路。

1. 老架一路

此套路为功夫套路,以柔为主,柔中有刚,动作舒展大方,连绵贯穿,沉着稳健,一动无有不动,一静百骸相随,腰是发气之源,以腰为主宰,处处运用螺旋劲,以形引气,以气摧形,呼吸自然,虚实分明,含胸塌腰,蓄发相变,快慢相间。

扫一扫二维码

(王凤仙:老架一路视频)

2. 老架二路

以刚为主,刚中有柔,刚劲来源于丹田,向不同的角度、方向发出弹簧劲。动作复杂、急速、紧凑。套路中有窜奔蹦跳、闪展腾挪等动作,具有快、刚、跃的特点。在运动时旋腰转背、旋腕转膀和旋踝转膝,形成一动全动的螺旋运动。

3. 小架一路

小巧玲珑,柔和自然,阴阳开合,动静相称,外若处女,内似金刚,儒雅潇洒,舒展大方。

4. 小架二路

虚实变化,动静结合,呼吸深沉,一气呵成,发劲刚勇,收蓄兼并,运行疾速,外刚内柔。

5. 新架一路

此套路不仅具备一动无有不动,一静百骸相随、处处运用螺旋劲的特点,而且手法多,胸腰变化突出,弹性更加明显,动作比较复杂。

6. 新架二路

动作比较复杂,要求疾速、紧凑、刚多柔少,多以採、挒、肘、靠为主,掤、捋、挤、按为辅,着重于弹性,从而收到开中寓合、合中寓开的统一功用。

7. 太极单刀

又名十三刀、多以缠头裹脑主要动作为体系,加之劈、砍、挂、撩等刀法,结合步型、腿法、跳跃、翻转的太极拳步法,使套路结构美观大方,雄健有力,具有"练刀如猛虎"的气概。

扫一扫二维码

(王凤仙:太极单刀视频)

8. 太极单剑

单剑是短兵器的一种，多崩、挂、撩、劈剑法，以腰为主宰，结合太极拳步法、身法，处处运用螺旋劲，沉稳、轻快、飘洒、自然、刚柔并济，构成套路的特点。太极剑缓慢、匀柔、优美大方，刚中有柔、柔中有刚，具有"舞剑如龙"的韵味。

扫一扫二维码

（王凤仙：太极单剑视频）

9. 太极双刀

短兵器。整个套路除砍、劈、撩、挂等刀法外，突出各种刀法花；同时刀法和太极拳身法、步法相结合，运用腰劲，练起来紧凑威武，协调一致。

10. 太极双剑

套路中有各种刺、点、撩、挂等剑法，配合太极拳缠绕劲，动作灵活多变，腕力突出。

11. 梨花枪夹白猿棍

套路以太极拳身法、步法、劲力及刀枪的拦、拿、扎、螺旋刺为主，配合舞花、点、崩、劈、缠等枪法，又以棍中的戳、撩、拨等棍法组成套路，迅疾勇猛，灵活多变。

12. 春秋大刀

属长器械类。大刀挥舞、气势雄伟，被誉为"兵中之帅"，有劈、砍、撩、转、带、挂、格、抽、斩、云等手法，运用时背、刃清楚、明晰，使用时灵活多变，套路动作配合协调，完整一致，呈现出勇猛彪悍、刀如猛虎的雄健形象。

扫一扫二维码

（郑溪仁：春秋大刀）

13. 精要十八式

陈式太极拳精要十八式，是陈正雷大师和陈斌父子两人共同创编的，此动作是在老架一路动作的基础上经过精简、完善而编写完成的，主要特点是时间短、动作不重复,手法、身法、腿法及跳跃动作都包括在内,适用于短时间想学会套路的人群,在学校里边很受欢迎。

扫一扫二维码

(吴法旺:太极拳精要十八式1~3式)　(吴法旺:太极拳精要十八式4~6式)　(吴法旺:太极拳精要十八式7~9式)

(吴法旺:太极拳精要十八式10~12式)　(吴法旺:太极拳精要十八式13~15式)　(吴法旺:太极拳精要十八式16~18式)

3.3.2　陈式太极拳的五层功夫

什么叫功夫,陈式太极拳拳理对此做了较详细的解释,称有五层功夫。由第一层到第五层,每层是渐进过程。焦作陈家沟有一个较形象的比喻,有三个门,一是"招熟",即在"熟"字上下功夫,要多练,常练,练熟;二是"懂劲",即懂得太极拳用法的劲道,主要指技击,它是在招熟的基础上,体会用力和发力,要四两拨千斤,懂得如何用劲,太极拳的奥妙不在"招",而在"劲";三是"神明",即太极拳运用达到出神入化的境界,即所谓"纯以神行",常说"唯有五阴并五阳,阴阳不偏成妙手"。

第一层功夫,主要是刚接触太极拳,不太熟悉,因此这一阶段对身体各部位的要求不必过于强调,适当地简化。主要是要立身中正,虚灵顶劲,松肩沉肘,含胸塌腰,开髋屈膝,达到心气下降,气沉丹田。这个过程主要是身体在运动,内气活动很少,以练动作和记动作为主,先把拳套记住。

第二层功夫,是在记动作和熟练动作的基础上,进一步揣摩动作的路径、伸展、到位程度以及呼吸的调整,尽量减少习练中由于又要记动作,又要听音乐,又要配合呼吸而产生的动作不协调,容易出现一些拳病。因此,要加强动作的记忆,使上下肢尽量配合,达到动作舒展、内外协调的目的。

第三层功夫,是把圈练小阶段,"要想拳练好,必把圈练小"。练习陈氏太极拳的步骤,即由大圈到中圈,由中圈到小圈,由小圈而无圈。所谓圈并非指手脚运行的轨迹,而指内气疏通。第三层功夫是由大圈而至中圈的阶段。由大圈慢慢变小到中圈。进入第三层功夫,已经疏通了内气,要求用意不用力,动作轻而不浮,沉而不僵,即外柔内刚,柔中寓刚,周身相随,禁忌妄动,但不可只顾想气在体内如何运行而忽视动作,否则,就会产生神态呆滞,致使气不仅不能畅通,反而会造成气势涣散的病象。所以说"在神不在气,在气则滞"。第三层功夫基本掌握了陈氏太极拳内外要求和运动规律,有了自我纠正的能力,动作比较自如,内气比较充足。

第四层功夫,是在由中圈而至小圈阶段,功夫已显高深造诣,接近成功。对具体练习的方法、动作要领、逐势的技击含意、内气运行,以及注意事项、呼吸与动作的配合等,都已完全掌握。但练习中还应注意,伸手迈步都需有临敌之意,即假设周围都是敌人。一招一式要连绵贯串、周身相随,承上启下皆有中气收放、宰乎其中,练拳时"无人如有人"。真正遇敌交战,要做到胆愈大,心愈细,"有人如无人"。第三层功夫是化掉对方进攻的力,解除本身的矛盾,使自己主动对方被动,而第四层功夫则可以连化带发。原因是内劲已经非常充足,周身组成的体系比较巩固。因此在推手时,对方的进攻威胁不大,触着即变化身法,很容易地将其来力化掉,表现出随人之动而不断改变方向,不丢不顶,内部调整,处处意在人先,动作小,发劲干脆,落点准,威力大的特点,所以说"四阴六阳类好手"。

第五层功夫,是由小圈而至无圈,有形归无迹阶段。拳论中说:"一气运来志无停,乾坤正气运鸿蒙,运到有形归无迹,方知玄妙在天宫。"第五层功夫期间,动作已经非常活顺,内劲十分充足。但需要精益求精,仍然是费一日之功力,即可得一日之成效,直至身体空灵,变化无端,内有虚实变换,外面看不见,这才是完成了第五层功夫。在技击方面达到刚柔相济,松活弹抖,周身处处皆太极,一动一静俱浑然。即身体各部位都相当灵敏,周身无处不似手,挨着何处何处击,蓄发相变,八面支撑。所以说:"惟有五阴并五阳,阴阳不偏称妙手,妙手一运一太极,太极一运化乌有。"

总之,这五层功夫,由"招熟""懂劲"到"神明",是一个漫长的练习过程,而且只有很少人才能达到"神明"这样的境界,大部分人能达到前两种,有的人甚至练几十年也只达到了"招熟"的程度,这都没关系,我们练太极拳,主要目的是为了健身和健心,只要心情舒畅,动作协调,身体健康就好了,不一定非要练到很高的功夫,循序渐进,习练永无止境,坚持习练,养成终身锻炼的好习惯。

3.3.3 陈式太极拳的主要贡献

1. 武术与导引、吐纳相结合

导引、吐纳是气功在古时候的一种名称。陈王廷所创编的太极拳,实际上是武术和气功的结合。他大胆地把武术中的手、眼、身、法、步等协调动作,同导引、吐纳糅合在一起,使意识、呼吸和动作密切结合,加强了柔化刚发的爆发力量,从而达到练气养神、练气归神、以形引气、以气摧形,进而内外双修的目的。练太极拳的人要求呼吸深、长、细、匀、缓和气沉丹田,也就是这个道理。

2. 武术和中医经络学说相结合

什么是经络?用现代话说,经络是人体气、血、津液运行的主要通道,是人体各个部分之间相联结的途径,遍布全身。人体所有的脏腑、器官、孔窍以及皮毛、筋肉、骨骼等组织,就是依靠经络的沟通和联结,而成为一个统一的整体。经络通则体健,不通则病生。太极拳缠绕运转的缠丝劲练法正是结合了经络学说,让人体之无形之气,以丹田为基础,循经络而行全身,从而达到疏经络的效果。调气血、通阴阳、养脏腑、濡筋骨、利关节而强身延年。

3. 博采诸家武术之长

陈氏太极拳在招式上广泛吸收了民间武术的精华,博采了诸家之长。如吸取戚继光《拳经》三十二势中的二十九势:懒扎衣、单鞭、金鸡独立、高探马等。其中,光是太极拳就汇集了一百单八个不同的姿势,可见其吸收拳种之多。经陈王廷所制的《拳经总歌》,也撷取了戚继光《拳经》歌诀文辞。难能可贵的是,太极拳能将这些学说和武术的精华,天衣无缝地熔于一炉,并且加以发展创造,为武术的发展做出了突出的贡献。

4. 创造了双人推手

自古以来,踢、打、摔、拿、跌是武术的主要技击方法,由于这五种技击法在实践时具有较大的伤害性,因此,历来大都只作假想性或象征性的练习,这就为花架手法开了方便之门。这样,前人苦心积累的宝贵经验,便由于实践不足,而很难提高技击水平。太极拳所独创的以沾、黏、连、随、掤、捋、挤、按为中心内容,在螺旋缠绕的基础上进行的双人推手则不然,练习时,二人可以运用周身之妙,彼以刚来,我以柔应,柔中有刚,人所难防。陈王廷《拳经总歌》开头两句话"纵放屈伸人莫知,诸靠缠绕我皆依",就概括地说明了推手的特点和方法。练习推手不但可以提高学者的技击水平,而且伤害性较轻,解决了不用护具也可以练习徒手搏击技巧的技术问题。太极拳学派这种独有的竞技方法是我国武术史上具有划时代意义的创造性成就。

5. 创造了双人粘枪和八杆对练项目

沾连黏随、蓄发相变的刺枪术和八杆对练是陈王廷独创的太极拳长兵器的对抗基本练法,他将陈氏太极拳术与众不同的缠丝劲运用到器械上,为长兵器对练开辟了一条简便易行、迅速提高技术的途径,这种独有的竞技方法也是我国武术史上具有划时代意义的创造性成就之一。

6. 创立了太极拳理论

陈王廷在创编太极拳的同时,根据自己的练武经验,创立了太极拳理论。它包括缠绕螺旋,柔中寓刚,避实击虚,顺应客观条件变化而变化,以意行气,劲由内换,人不知我、我独知人,因敌变化等内容。如今保留下来的《拳经总歌》总括了陈王廷所创的太极拳理论。当代陈式太极拳大师常常著书立说,丰富了太极拳理论宝库。

7. 技击特点突出

据历代名手所言和太极拳理论研究,太极拳练到上乘功夫,可以达到周身一家,以静制动,以逸待劳,以柔克刚,以不变应万变,亦可得机得势,舍己从人,随机应变,灵活运用,引进落空,借力打人。也就是《推手歌》所说的:"掤捋挤按须认真,上下相随人难侵,任他巨力来打我,牵动四两拨千斤。"陈长兴的《太极拳用武要言》《太极拳战斗篇》等都是阐述太极拳技击要领的。[①]

3.4 太极十三势基本技法

"十三势"主要是指太极拳较为原始的13种基本招式,即掤、捋、挤、按、采、挒、肘、靠、进、退、顾、盼、定。十三势主要是阐述太极拳的练习要领,是基本技术动作的总结,其前八势即所谓四正、四隅的八卦,后五势为五行。掤、捋、挤、按为四正,掤即崩,斜向外崩之意;捋又写作履,斜下内捋之意;挤,正向挤压之意;按,下按之意;四正之法含四种同名劲法,法法相生克。如遇按则捋,遇捋则挤,遇挤则掤,遇掤则按,是以按挤相承,掤履相循;采、挒、肘、靠为四隅,采即抓拿之意,挒即卷曲之意,肘即肘击之意,靠即靠身贴之意;采、挒为擒拿法,肘靠为近身法;四隅之法实际上是四正之劲法应用,采以履、按为主,挒以掤、挤为主,肘以掤、按为主,靠以履、挤为主。进退顾盼定,为身步法,即前进、后退、左顾、右盼、中定之五法。太极十三势的口诀为:

掤手两臂要圆撑,动静虚实任意攻。搭手捋开挤掌使,敌欲还着势难逞。按手用着似倾倒,二把采住不放松。来势凶猛挒手用,肘靠随时任意行。进退反侧应机走,何怕敌人艺业精。遇敌上前迫近打,顾住三前盼七星。敌人逼近来打我,闪开正中定横中。太极十三字中法,精意揣摩妙更生。[②]

1. 掤

此法为进攻之法,外向的弹性劲。手臂呈弧形,前臂由下向上、向外张架。

[①] 陈小旺,王东武:《中国陈氏太极拳》,河南人民出版社2009年版,第5页。
[②] 余功保:《中国太极拳辞典》,人民体育出版社2008年版,第255页。

可向任意方向运用。使用时要求圆转灵活,忌板滞迟重。养生中主练肾经。

冲拳　　　　　　　　　接手　　　　　　　　　掤劲

图 3-4　掤

2. 捋

捋又写作履。拳谱中云:"履劲义何解?引导使之前。顺其来势力,轻灵不丢顶。力尽自然空,丢击任自然,重心自维持,莫为他人乘。"通常是掌心向下,有时以一掌心向上辅助,身体中轴有旋转之势,将敌向我方引入落空。

冲拳　　　　　　　　　接手　　　　　　　　　下捋

图 3-5　捋

3. 挤

挤法的运用通常是随捋法而配合。拳谱中云:"挤劲义何解?用时有两方,直接单纯意,迎合一动中,间接反应力,如球撞壁还,又如钱投鼓,跃然声铿锵。"《太极拳八法秘诀》曰:"外形,手臂圆环,身形如弓,手背向外。劲力感觉,劲力方向向前,进中寓后坐之意。神意,以虚为引导,虚中含实,并迅速转换。"养生中主练肝经。

冲拳　　　　　　　　　接手　　　　　　　　　挤

图 3-6　挤

4. 按

按指"运用如水行,柔中寓刚强,急流势难当。遇高则膨满,逢洼向下潜。波浪有起伏,有孔无不入。"动作是手心向外、下,迎截外劲,身体后坐稳固。整体下沉,劲走下盘。养生中主练肺经。

冲拳　　　　　平捋　　　　　挤　　　　　上按

图 3-7　按

5. 采

采是变守为攻之法,瓦解敌之进攻,进而引其失势,逼其跌翻。常形容其为"转移知四两,千斤亦可平,若问理何在,杠杆之作用"。常采拿对方关节。养生中主练大肠经。

冲拳　　　　　平捋　　　　　下采

图 3-8　采

6. 挒

挒指在锁住对方的基础上,侧向外或向内横向牵动,逼其就范。拳谱中云:"旋转若飞轮,投物于其上,脱然掷丈寻。君不见漩涡,卷浪若螺纹,落叶坠其上,倏而便沉沦。劲力感觉为旋转之劲,宜先松后紧,迅猛快脆。"养生中主练脾经。

冲拳　　　　　采捋　　　　　挒打

图 3-9　挒

7. 肘

肘的力量较强,主要用于近身攻击,肩、肘和手一般是连续攻击的,具有较强的力量。招式上如穿心肘、腋下肘、脑后肘等。其多爆发劲,短劲。神意充沛饱满,击如摧枯拉朽,左右逢源。

冲拳

击肘

图 3-10　肘

8. 靠

靠其法分肩背。"斜飞势用肩,肩中还有背。一旦得机势,轰然如捣锥。"身体变化是很快的,随机应变,可高也可低。每一靠皆整体之力,大都由肩和背同时用力,力量较强。养生中主练胆经。

冲拳

接引

靠打

图 3-11　靠

9. 进

进亦称"前进",是太极拳主要的身、步法。方向朝前,行动时脚在先,身要随,迈步轻稳。养生中主要练习肾经。

10. 退

退亦称"后退",是太极拳的主要身、步法。方向朝后。在太极拳中退步往往与进步交互进行,转换时应得机得势,勿使散乱。养生中主要练习心经。

11. 顾

顾亦有称"左顾"的。主要指身法和眼法,在练习过程中通过身法和眼法来调节身体平衡,以防失去重心,造成不必要的损伤。也指太极拳练习的风格有

"顾盼生辉"的风采。养生中主要练习肝经。

12. 盼

盼亦称"右盼"。跟随身走,活而不飘,有时是以眼神引导动作的走向。养生中主要练习肺经。

13. 定

定亦有称"中定"的。古典拳法理论认为,中定五行属土,对应人体穴位为丹田。定既指外形的中定,也指内在的中定,要内外都保持平衡,主要要求身体要稳、呼吸自然舒畅、攻防进退有度等。养生中主要练习脾经。

第 4 章 Chapter 4

太极拳拳理

4.1 概述

几百年来,历代太极拳名家终身致力于太极拳的研究,不断推动着太极拳运动的发展。如同世间万物的运动变化一样,太极拳的一招一式均存在于客观世界之中,并有其科学的自然规律和社会实用性。太极拳流派众多,基本理论内容丰富,主要有三个方面:一是太极拳的哲理;二是太极拳的医理;三是太极拳的拳理。①

4.1.1 太极拳的哲理

太极拳哲理是太极(易)文化。《易经·系辞》载:"易有太极,易生两仪,两仪生四象,四象生八卦,八卦定吉凶,吉凶生大业。"这是说,"太极"是一种最高的理念范畴,"太极"是派生万物的本源。宋代的大思想家朱熹认为:"总天地万物之理,便是太极。"用今天的话讲,"易"文化讲的是哲理,是宇宙的根本规律,是矛盾的量变和质变等。太极拳家引申其含义:(1)有意动无形动的状态是太极;(2)指中和之气,太极拳起点腹内的中和之气;(3)指脐,比附人体,脐为太极;(4)指命名的拳种,将阴阳对立统一体,相反相成的辩证法,具体地应用到太极拳中。

4.1.2 太极拳的医理

太极拳的医理主要涉及中医经络学。经络是人体气血、津液运行的主要通道,是人体各个部分之间相联结的途径,遍布全身。人体所有的脏腑、器官、孔

---

① 严双军:《太极拳》,浙江人民出版社 2007 年版,第 52~53 页。

窍,以及皮毛、筋肉、骨骼等组织,是靠经络的沟通和联络,成为一个统一的整体。经络通则体健,不通则病生,太极拳缠绕运动的缠丝劲练法,正是结合经络学说,让人体中无形之气,以丹田为基础,循经络而运行全身,从而达到疏经络、调气血、通阴阳、养腑脏、濡筋骨、利关节而强身延年。

4.1.3 太极拳的拳理

太极拳的拳理主要指太极拳技法的原理,包括技术要求理论、练拳要求机理、推手技击原理等。太极拳的拳理,核心是易理,易理是讲阴阳,把易理贯穿于拳技当中。它包括缠绕螺旋,柔中寓刚,避实击虚,顺应客观条件变化而变化,以意行气,劲由内换,人不知我,我独知人,因敌变化等内容。历代太极拳名家结合实践,写出了许多理论著作,其中包括太极拳的拳论、拳诀、拳经等,都属于太极拳的拳理。拳论是论述太极类的理论,如陈长兴的《太极拳十大要论》、陈照丕的《太极拳总论》等;拳诀即拳的窍门和妙法,太极拳中有拳诀、剑诀、枪诀、刀诀、推手诀等,如陈鑫的《争走要诀》及《太极拳经歌诀》等;拳歌是反映拳艺的文句,如打手歌、走架歌等,其中著名的是陈王廷的《拳经总歌》、陈清萍的《太极拳总论附歌》等;拳经是经典理论,主要是论述拳法要义,指导实际练习,如陈鑫的《太极拳缠丝精论》、陈清萍的《太极拳正宗论五字妙诀》等。

4.2 代表性著作

为了更进一步了解太极拳名家如何阐述太极拳拳理,我们精选了太极拳发展史上部分具有代表性的理论著作,供大家欣赏阅读,感悟其中的精妙。

4.2.1 拳论

1. 陈长兴的《太极拳十大要论》[①]

陈长兴(1771—1853),字云亭,陈氏十四世,太极拳第六代传人,自幼受业于其父秉旺,太极拳、械出神入化。成年后以保镖为业,在武术界享有盛名,被称为"牌位大王"(意思是平日练拳姿势端正,久而久之,不管走路还是站立,都立身中正)。无论看戏、赶会,站立千万人中,任凭众人如何拥挤,他脚步丝毫不动。凡近其身者,如水触石,不抗自颓,他对太极拳的发展,贡献颇丰,可谓继陈王廷创拳后,在漫长的太极拳发展道路上,又树起了一座丰碑。

他不但将陈王廷所创之五路太极拳由博归约,精炼归纳,不足者补之,重复

---

① 余功保:《中国太极拳辞典》,人民体育出版社2008年版,第320页。

者裁之，创造性地形成完整套路，即现在老架（也称大架）太极拳一、二路，并且据已所得，发展了太极拳理论。其著述流传下来的主要有《太极拳十大要论》《太极拳用武要言》《太极拳战斗篇》《陈长兴太极拳总歌》等。

这些理论著作，极大地丰富了太极拳的理论宝库，将太极拳术提高到一个新的高度，对后人启发很大，是中华武术的宝贵财富。特别是他敢于打破门规局限，将陈家的独得之秘太极拳传于河北永年县（旧称广平府）的杨福魁（露禅），在太极拳历史上开始了第一次大发展、大普及的时期。由于他和同辈份的太极拳宗师陈有本及其徒陈清萍的共同努力，才为今天太极拳百花争妍、欣欣向荣的局面奠定了基础，为太极拳老架之代表。传授门徒众多，知名弟子有其子陈耕耘，宗侄陈花悔、陈怀远，杨露禅（福魁），等等。

陈长兴的《太极拳十大要论》是陈式太极拳理论名篇，也是他拳术理论的代表作之一，分别论述了"理、气、三节、四梢、五脏、三合、六进、身法、步法、刚柔"十个方面。原文如下：

第一论　理

夫物，散必有统，分必有合，天地间四面八方，纷纷者各有所属，千头万绪，攘攘者自有其源。盖一本可散为万殊，而万殊咸归于一本，拳术之学，亦不外此公例。

夫太极拳者，千变万化，无往非劲。势虽不侔，而劲归于一。夫所谓一者，自顶至足，内有脏腑筋骨，外有肌肤皮肉，四肢百骸相联而为一者也。破之而不开，撞之而不散，上欲动而下自随之，下欲动而上自领之，上下动而中部应之，中部动而上下和之，内外相连，前后相需。所谓一以贯之者，其斯之谓与！

而要非勉强以致之，袭焉而为之也。当时而动，如龙如虎，出乎而尔，急如电闪。当时而静，寂然湛然，居其所而稳如山岳。且静无不静，表里上下全无参差牵挂之意，动无不动，前后左右均无游疑抽扯之形，洵乎若水之就下，沛然莫能御之也。若火机之内攻，发之而不及掩耳。不假思索，不烦拟议，诚不期然而已然。

盖劲以积日而有益，功以久练而后成，观圣门一贯之学，必俟多闻强识，格物致知，方能有功。是知事无难易，功唯自进，不可躐等，不可急就，按步就序，循序渐进，夫而后百骸筋节，自相贯通，上下表里，不难联络，庶乎散者统之，分者合之，四肢百骸终归于一气矣！

解析：

何为理？理即道理，即规律。世间万事万物散必有统，分必有合，此乃众所周知的道理。天地间上下、左右、前后、四面八方，五花八门，千头万绪,虽纷纷攘攘,然各有所属,各有其源,归根结底统于一本。太极拳的理也是如此。套路千变万化,神秘莫测,归根到底由一而发,归于"太极"。从头顶到脚底,内有脏腑筋骨,外有肌肤毫毛,四肢百骸互为一体。太极拳训练,务必重视整体的协调一致。一开一合,顺其自然,一刚一柔,绝无勉强,一动一静,全体皆然,一虚一实,恰合天然。上中下,内外相连,一以贯之。一旦出手,发劲威如猛虎,急如闪电;如需静止,寂然归元,一动不动,固如泰山。练好太极拳,必先明其理,循其道,才能事半功倍,硕果累累。

第二论　气

天地间,未有一往而不返者,亦未尝有直而无曲者矣。盖物有对待,势有回还,古今不易之理也。故尝有世之论捶者而兼论气者矣!

夫主于一、何分为二?所谓二者,即呼吸也。呼吸,即阴阳也。捶不能无动静,气不能无呼吸。呼则为阳,吸则为阴;上升为阳,下降为阴;阳气上升而为阳,阳气下行而为阴;阴气上升即为阳,阴气下行仍为阴。此阴阳之所以分也。

何谓清浊?升而上者为清,降而下者为浊。清者为阳,浊者为阴。然分而言之为阴阳,浑而言之统为气。气不能无阴阳,即所谓人不能无动静,鼻不能无呼吸,口不能无出入,而所以为对待、回还之理也。然则气分为二,而贯之一。有志于是途者,甚勿以是为拘拘焉耳!

解析:

气处于精与神中间的状态,无形无势,可任意流动,是精表现出来的一种特殊方式。

我国古代哲学家们认为:物有对待,势有回还。气的运动变化分为阴阳两种性质,对立统一。气的阴阳划分为:呼气为阳,吸气为阴;上升之气为阳,下沉之气为阴;阳气上升仍为阳,阳气下行即为阴;阴气上升即为阳,阴气下行仍为阴。阴气藏精于内不断地扶持阳气,阳气卫护体外使身体表面固密。如果阴不胜阳,阳气亢盛,会使血脉流动迫促,若再受热邪之侵,阳气更盛,就会发为狂症;如果阳不胜阴,阴气亢盛,会使五脏之气不调,以致九窍不通。只有内气阴阳平衡,才能筋脉调和、骨髓坚固、血气畅顺,邪气不能侵害,耳聪目明,生机盎然。如果阴气与阳气分离决绝,人的精气就会竭绝。至于有人所分清气与浊气,也不外乎阴阳二气。清气为上升之气,为阳气;浊气为下沉之气,为阴气。吸清排浊,练拳养生。

第三论　三节

夫气本诸身,而身节部甚繁,若逐节论之,则有远乎拳术之宗旨;惟分为三节而论,可谓得其截法。

三节,上、中、下,或根、中、梢也。以一身言之:头为上节,胸为中节,腿为下节。以头面言之:额为上节,鼻为中节,口为下节。以中身言之:胸为上节,腹为中节,丹田为下节。以腿言之:胯为根节,膝为中节,足为梢节。以臂言之:膊为根节,肘为中节,手为梢节。以手言之:腕为根节,掌为中节,指为梢节。

观于此,而足不必论矣!然则自顶至足,莫不各有三节也。要之,即莫非三节之所,即莫非着意之处。盖上节不明,无依无宗;中节不明,满腔是空;下节不明,颠覆必生。由此观之,身三节部,岂可忽也!

至于气之发动,要从梢节起,中节随,根节催之而已。此固分而言之,若合而言之,则上自头顶,下至足底,四肢百骸,总为一节,夫何为三节之有哉!又何三节之中各有三节云乎哉!

解析:

头为上节,上节不明,无依无宗,头为周身之首。打太极拳如果不知道头的规矩,周身涣散没有系统。为此,不能低头,不能摆头,不能头硬往上顶,头要自然正,二目平视,如某手至,眼神只注于某手的中指甲,嘴唇要合,舌尖顶住上颚,使呼吸自然。

腹为中节,中节不明,满腔是空。上自咽喉,下至丹田为中节,中节不能弯腰撅屁股,不能鼓肚填胸,必须沉肘松肩,含胸塌腰,心气下降,呼吸自然。打太极拳,腰是最重要的。腰如车轴气如轮。腰为周身之主宰。腰为一身之主。肾为发气之源,如果不懂得腰劲,周身涣散无主。手为梢节,肩肘为中节,腰为根节,往里合,以手领肘,以肘领肩,以肩领腰;往外开,以腰摧肩,以肩领肘,以肘领手,这就是梢节领,中节随,根节摧,左右是一样的,这样的运动才能一气贯通。

下节不明,颠覆必生,大腿根到脚底为下节,脚底脚后跟要扒(把)地,涌泉穴要虚,腿要虚实分明,千万不可有双重的腿法,犯了双重的毛病就不成为太极拳了,膝盖要与脚跟对照,不要东倒西歪,要骨节相对,不对则无力,等于盖房顶,梁柱一歪,房子就有(要)倒塌的意思,虚腿脚尖要往里勾,使腿上有缠丝劲,委中穴(在膝后弯内)莫软,两只腿不能硬顶住骨盆。八脉穴(在两大腿弯内)要虚,不然转关不灵。开裆贵圆,腿部方能有力,腿为周身之枢纽,灵与不灵在于步,活与不活在于步。打太极拳下盘稳固是根基,就是上虚下实、外柔内刚之法。

因而,在我们太极拳第一阶段练习时,必须知道三节之分的规矩,就是手与足,肘与膝,肩与胯合,此为外三合也。心与意,气与力,筋与骨合,此为内三合也。就是上欲动而下自随之,下欲动而上自领之,上下动而中部应之,中部动而上下合之,一动周身无有不动,一静周身无有不静。三节的规矩就是在运动时合而分之,分而合之,到成功时是一气贯通,一肢动而百骸皆随的道理。打太极拳时也就是合而分之,分而合之,分中有合,合中有分,分者是一本而散为万株,合者是万株咸归于一本,千头万绪各有所属,酿佳肴自有其源,拳术之道不外此例。

第四论　四梢

试于论身之外,而进论四梢。夫四梢者,身之余诸(绪)也。言身者初不及此,言气者亦所罕闻。然捶以由内而发外,气本诸身而发梢。气之为用,不本诸身则虚而不实,不行于梢则实而仍虚。梢亦可弗讲乎?若手、指、足,特论身之梢耳!而未及梢之梢也!

四梢惟何?发其一也。夫发之所系,不列于五行,无关于四体,是无足论矣!然发为血之梢,血为气之海。从不本诸发,而论气,要不可离乎血以生气;不离乎血,即不得不兼乎发。发欲冲冠,血梢足矣!

抑舌为肉之梢,而肉为气之囊。气不能行诸肉之梢,即气无以充其气之量。故必舌欲催齿,而肉梢足矣!

至于骨梢者,齿也。筋梢者,指甲也。气生于骨而联于筋,不及乎齿,即不及乎骨之梢;不及乎指甲,即不及乎筋之梢。而欲足尔者,要非齿欲断筋、甲欲透骨不能也!果能如此,则四梢足矣!

四梢足,而气自足矣!岂复有虚而不实、实而仍虚之弊乎!

解析:

太极拳是衍生于武当武术的"内家三拳"之一。既然叫内家拳,必然要练内功。《四梢第四》中写道:"然捶以由内而发外,气本诸身而发梢。气之为用,不本诸身则虚而不实,不行于梢则实而仍虚。"又说:"四梢足,而气自足矣,岂复有虚而不实,实而仍虚之弊乎?"可见练拳者气行四梢更能催发内气充足。亦可见培养气血之本固然要紧,但使四梢(指四肢梢,即十指和十趾)气足更加重要。实际上二者是相辅相成的,一旦练到四肢末梢气足,自然就可以向外发射外气,用于技击了。据说太极拳师杨露禅内功层次极高,"可击人于丈外"。

练气达四梢功法,首先要练就心意宁静和一心专注的入门功夫。精神贯注、心不躁动才可使气沉丹田,不在体内乱窜。宁静可以致远,静谧可以通幽。气息出入绵绵,若存若亡,此时神气相依是为"真息"。静极必生动,体内自然会产生一股热流或酸麻通电感或勃动感。"松"和"静"是互相促进的,练功能真正达到静,全身自然会松;真正放松,内心必定沉定安详。

第五论　五脏

夫捶以言势,势以言气。人得五脏以成形,即由五脏而生气。五脏实为性命之源,生气之本,而名为心、肝、脾、肺、肾也。心属火,而有炎上之象;肝属木,而有曲直之形;脾属土,而有敦厚之势;肺属金,而有从革之能;肾属水,而有润下之功。此乃五脏之义,而犹准之于气,皆有所配合焉。凡世之讲拳术者,要不能离乎斯也。

其在于内,胸廓为肺经之位,而肺为五脏之华盖,故肺经动,而诸脏不能不动也。两乳之中为心,而肺抱护之;肺之下隔之上,心经之位也。心为君,心火动,而相火无不奉命焉。而两乳之下,右为肝,左为脾,背之十四骨节为肾。至于腰,为两肾之本位,而肾为先天之第一,又为诸脏之根源。故肾气足,则金、木、水、火、土无不各显生机焉!此论五脏之部位也。

然五脏之存乎内者,各有定位。而见于身者,亦有专属。但地位甚多,难以尽述。大约身之所系,中者属心,窝者属肺,骨之露处属肾,筋之联处属肝,肉之厚处属脾。想其意:心如猛,肝如箭,脾之力大甚无穷,肺经之位最灵变,肾气之动快如风。是在当局者自为体验,而非笔墨所能尽罄者也!

解析:

《太极拳十大要论》中说:"人得五脏以成形,即由五脏而生气。五脏实为性命之源,生气之本。"五脏是气的来源,而太极拳以气为基,势必离不开五脏的锻炼。而反过来看,修炼太极拳也对五脏有着很大的益处。

强心:"心为五脏六腑之大主",练太极拳特别强调"心静用意",用意识引导动作,使心神安静,意念集中,机体放松,脏腑之间发挥正常的功能,取得了相对的平衡。心神安定,不受外界干扰,可使思维清明敏捷,语言流利清晰。心气运行流畅,更能发挥其统辖血液循环的功能,减少和消除体内瘀血。血液通畅充盈,面色自然红润。

养肝:练太极拳时,意境清静,情绪安宁,内外放松,动作轻柔圆活,如春风杨柳,生机盎然,可使肝气舒和条达,肝阳自潜,肝风自熄,肝火自降。练拳时以意运气的腹式呼吸,有助于消除肝脏瘀血。眼神贯注动作,目不旁视;动作圆活连贯,缠丝螺旋,对养肝明目、舒筋活络大有好处。

健脾:练拳时的腹式呼吸,"气势宜鼓荡",内脏加强蠕动,对肠胃等内脏器官进行自我按摩,使三焦气机通畅,脾胃升降和顺,新陈代谢加强,中土运化水谷功能健旺。心情舒畅,饮食自然香甜。化源增加,营养充足,肌肉丰满光泽,四肢强健灵活。脾气旺盛,营血充盈,统血功能亦必正常。

补肺:练太极拳要求"气沉丹田",从而加强了"肺主气"的功能,增加了肺活量,有利于肺的肃降。通过吐故、纳新,吸入天气,不但充实了"宗气",而且"肺朝百脉",能进一步推动气血在全身的运行,使身体各部都得到营养与活力。练拳时使肺的呼吸与皮毛的开合联系起来,与动作的开合虚实、起伏转换结合起来,练拳后皮肤温暖或微微出汗,有利于肺气的宣发和水道的通调,并能充卫固表,不易感冒,使皮肤润泽,感觉灵敏。

固肾:太极拳论认为"腰为主宰"。故练拳时十分重视"肾之府"——"腰"的作用。"刻刻留意在腰间",以腰为轴来带动四肢和全身协调运动,使劲路完整,气机畅达;还要"悬顶""吊裆""提肛""尾闾中正",以加强肾命和调通任督二脉之气;并且以"心为令""气沉丹田",使心肾相交,水火既济。这样就加强了两肾和命门的功能,使肾精充实,阳气旺盛,行动轻捷,二便调和,骨强齿坚,发泽耳聪。

第六论 三合

五脏既明,再论三合。夫所谓"三合"者:心与意合,气与力合,筋与骨合,内三合也;手与足合,肘与膝合,肩与胯合,外三合也。

若以左手与右足相合,左肘与右膝相合,左肩与右胯相合,右三与左亦然。以头与手合,手与身合,身与步合,孰非外合!心与目合,肝与筋合,脾与肉合,肺与身合,肾与骨合,孰非内合!然此特从变而言之也。

总之,一动而无不动,一合而无不合,五脏百骸悉在其中矣!

解析:

对于太极拳的"内三合",尤其首先要重视的就是"心与意合"。"心与意合"的重点就是太极拳无论初学还是到了炉火纯青的上乘阶段,都是必须不同程度的"神内敛",可以说"神内敛"是太极拳无论武术还是健身效果的精神源泉。这无疑是可以由现代科学来解释与支持的。具体地说,初学者练拳必须专心地有意识引起神经活动,到了熟练后就必须渐渐达到由精神处于无意识状态的神经中枢支配神经活动。现代太极拳界某些人既认为"意"是"意识",又牵强附会地将"用意"神秘化,说运用意识会产生巨大的能量,这纯粹是唯心主义的胡说八道。有些名家将"用意不用力"片面狭窄地理解为太极拳始终要有意识地练拳也是十分错误的。

初学太极拳的人有的动作比较僵硬呆板,有的动作柔软无力,这两种现象都不能称之太极拳,真正的太极拳是应该做到"轻而不浮,刚而不僵",每招每式都要做到刚柔相济。衡量刚柔以什么为标准呢?拳论讲:"纯阴无阳是软手,纯阳无阴是硬手,一阴九阳根头棍,二阴八阳是散手,三阴七阳尤觉硬,四阴六阳类好手,唯有五阴并五阳,阴阳无偏称妙手。"这就是说不能偏于柔或偏于刚。只有练到刚柔相济阴阳无差,才是达到太极拳的高级境界。

第七论　六进

既知三合,犹有六进。夫"六进"者何也?头为六阳之首,而为周身之主,五官百骸,莫不体此为向背,头不可不进也!手为先锋,根基在膊,膊不进则手却不前矣!是膊亦不可不进也!气聚于腕,机关在腰,腰不进则气馁而不实矣!此所以腰贵于进者也!意贯周身,运动在步,步不进则意索然而无能为矣!此所以必取其进也!以及上左必进右,上右必进左,共为六进。

此六进者,孰非着力之地与!要之,未及其进,合周身毫无关动之意;一言其进,统全体全无抽扯之形。六进之道,如是而已!

解析:

任何事物间都不是孤立的,都是相互制约,相互促进的。"六进"也不例外,六进是依据太极拳技击客观性而提出的。技击交手是对立统一规律的表现,太极技击要求以静制动,后发先至,静如山岳,动如江河。进攻取胜是武术的共性,太极拳并不例外,太极拳进攻靠的是引化对方,空背而击。进击要求:抓住机会,定准目标,速度要快,力度要大,距离要短。因此,六进要符合以上条件,要研究人体生理结构特点。掌握六进特点,进攻才能干脆利落,不拖泥带水,没有抽扯之形。

头进:头为周身之主,头作为首脑,其意义在于领进为尚。头是指挥官,也是先行官,只有头进,身才能跟随。由于"虚领顶劲"和"尾闾正中"的要求。若头不进,重心必歪斜。头进身随,技击才能成功。如"前趟拗步""金刚捣碓""掩手肱拳"等势最为明显。头进身随、弓腿击发。练功要保护头。头是主要技击对象。头部一旦受害,大脑失控,眼睛闭塞,其全身必乱,战必败无疑。因此,练太极拳要重视头部的训练,要求不低头,不仰面,不左右歪斜,不摇头晃脑。两手划圆时要注意看护好头部。若技击头时要慎之、护之。要时刻注意头的顶劲、领劲训练。陈鑫讲:"拳自始至终,顶劲绝不能失,一失顶劲,四肢者无所附攀,且无精神,故必领起,以为周身纲领。"领起精神,动作就能圆活自然。眼睛活,反应快,判断准。耳朵灵,辨音准。头脑清醒思维敏捷,头主宰胜利。因此,头须进。

膊进:手为先锋,根基在膊,膊不进,则手不能前。以臂的三节而言,膊是三节之根,技击用三节,手须领劲,为先锋侦察并交接。中节用肘护之,根节膊摧劲。膊与身相连,通过沉肩垂肘,膊与身体组合一体,膊进带身进,内气才有根源。俗话说:"打人如亲嘴,手到身要拥,身拥靠膊进。"膊关节有连接身体,作为传送内气通道的作用。因此,膊亦不可不进。

腰进:拳论曰"主宰于腰""命意源头在腰隙""气聚于腕,机头在腰,腰不进则气馁而不实",这些理论都强调了腰的作用。腰是人体转动的关键,是杠杆变形的轮轴,轮轴旋转带动四肢,内气周流全身,腰又是人体中心与重心所在,气海与命门都在腰部。通过呼吸气沉丹田,丹田鼓荡,稳定重心,产生爆发力。因此,要练好腰,要保持腰松、沉、直竖的形态。练柔劲,要活腰;练沉劲,要塌腰;练发劲,要拧腰并进腰。

拳论曰"腰胯微转鸟难飞""如不得机不得势,必于腰胯求之",这些拳理都强调了腰在技击中的重要作用。随气来源于脚跟,蹬地送力脚进并旋转,利用圆切发力。腰部运转适当,攻守就能随心所欲。

步进:拳论曰"手进三分,足进七分""胜在进步占势,不败在退步避锋",这些道理都强调了步法运用的作用。

太极拳是短打拳种,要求打人不见手,手到不能走,寸劲击发。无论是抢占要地,还是封闭进攻,都须步法快速敏捷。要做到上下相随,身体才能粘贴对方,才能发挥太极拳的短打功能。太极拳步进有三种情况:身进步随,身步齐进,步进身随。这三种进步根据进攻目的的不同而选择。

意贯周身,运动在步。四肢百骸主于动,而实运以步,步为一身之根基,运动之枢纽。应战和对战随机应变在于手,手之转移者,又在于步,进退反侧,步可作鼓动之机,抑扬伸缩,步可示变化之妙。动作出于无心,鼓舞出于不觉;身欲动而步为之周旋,手将动而步早为之催迫。总之,活不活在于步,灵不灵也在于步。步占巧地,步能进身,步能定向,步能定根,步能生力。因此,要练好五行步法。

右侧旁进:上左必进右,这是技击进攻的客观动作。左右进击应是辩证的,不论是向前进攻,还是横向左右进招,势势之间都须有连接转化的动作。"上左"是用左旁侧身防守粘接,"进右"是见机快速进打。这样侧旁攻守,既可以减少攻击面积,还可以利用轮轴旋转加速进攻。因此,练拳者在细心揣摩承上启下的动作。"意欲往左,必先往右,意欲往右,必先往左。"要接好劲,做好发劲准备。

左侧旁进:上右必进左,"上右"即右旁防守与对方接劲,而见机用左旁进攻。左旁进击让一般人感到动作不顺,因此,练拳推手要多练左旁进击。

欲迈左步应侧身向右腿上移放重心,左肩要与右胯相合,右腰肾先下旋落实,右胯根右旋内收落实。技击时,右侧劲先上搭粘紧,并有引逼之举,让对方势背劲空。然后,左足蹬地,提膝开胯迈步,上步应占巧地,左侧武器立即进攻对方背向。练时缓慢,用时要快,如"六封四闭""前趟拗步"等。

太极拳架中许多动作的组合,都是相互对立,如一左一右,一上一下,一引一放,一反一正,一卷一展,等等,而这些对立动作组合,发劲前后,都必须有一个接劲。实质上就是这种欲左先右的折叠劲,例如"懒扎衣""掩手肱拳"。再换势时要划小圈转换。

第八论　身法

夫发手击敌,全赖身法之助,身法维何? 纵、横、高、低、进、退、反、侧而已! 纵,则放其势,一往而不返。横,则理其力,开拓而莫阻。高,则扬其身,而身有增长之意。低,则抑其身,而身有攒促之形。当进则进,殚其力而勇往直前。当退则退,速其气而回转扶势。至于反身顾后,后即前也。侧顾左右,左右恶敢当我哉!

而要非拘拘焉! 而为之也,察夫人之强弱,运乎己之机关。有忽纵而忽横,纵横因势而变迁,不可一概而推。有忽高而忽低,高低随时以转移,岂可执一而论。时而宜进,不可退,退以馁其气;时而宜退,即以退,退以鼓其进。是进固进也,即退亦实以助其进。若反身顾后,而后不觉其为后;侧顾左右,而左右不觉其为左右。总之,观在眼,变化在心,而握其要者,则本诸身。身而前,则四体不命而行矣! 身而怯,则百骸莫不冥然而处矣! 身法,顾可置而不论乎!

解析:

文中将身法分为:纵、横、高、低、进、退、反、侧共八种。对这八种身法都进行了简单而明了的解释。而这八种身法之间都有辩证的联系,所以文中提出了"观在眼,变化在心,而握其要者,则本诸身"的要点。身法为八,与此篇的序号暗合。这也是十大要论的特点。

第九论　步法

今夫四肢百骸,主于动,而实运以步。步者,乃一身之根基,运动之枢纽也! 以故应战、对战,本诸身;而所以为身之砥柱者,莫非步! 随机应变,在于手;而所以为手之转移者,又在于步。进退反侧,非步何以作鼓动之机? 抑扬伸缩,非步何以示变化之妙? 即谓"观察在眼、变化在心",而转弯抹角,千变万化,不至穷迫者何? 莫非步之司命! 而要非勉强可致之也!

动作出于无心,鼓舞出于不觉。身欲动,而步以为之周旋;手将动,而步亦早为之催迫。不期然而已然,莫之驱而若驱。所谓"上欲动而下自随之",其斯之谓与!

且步分前后。有定位者,步也;无定位者,亦步也! 如前步进,而后步亦随之,前后自有定位也;若前步作后步,后步作前步,更以前步作后步之前步,后步作前步之后步,前后亦自有定位矣。

总之,捶以论势,而握要者,步也! 活与不活,在于步;灵与不灵,亦在于步。步之为用大矣哉!

解析:

太极拳的拳式结构是以阴动和阳动的阴阳动组成的,阴动的起点是阳动的止点,阳动的起点是阴动的止点,互相依存,相互转化,"阴不离阳,阳不离阴,阴阳互济"。太极拳的步法与人类走路一致,也是符合老子说的"道法自然"的。

传统武术中所讲的步法不是简简单单的招式,或者是几个步型。真正意义上的步法是建立在一定的功夫之上的,不是老师告诉你几个脚的摆法,或者是迈步的方法,三两天就学会的!步法练得好叫"上步不见步""步步不断劲""虚步是腿法,实脚犹生根",轻灵自然,迈步犹如定步一样,周身相随,拳脚都能随步法的调动发得出劲!但是这是很高的境界了,没有十年的纯功夫,就是一点体会都不会有的!

脚下的步法,上下相随,和谐规范,虚实变化自如。脚的虚实变化,没有显现的形态,似乎不被人注意。有的人走路很自然,但练拳时就见不到自然的步法了,迈出左脚便弓步,虚实重心的变化不是渐变而是突变,步幅开得大,不和谐,不灵活。究其原因,是忘记了老子说的"道法自然",有悖于自然规律。太极拳的所有拳式动作都是被动行功。太极拳手、眼、身、步四法四功中,脚是其中很重要的功法。太极拳的特性之一是"举动轻灵",吴式太极拳的步法就是很轻灵的。实脚松到了顶,虚脚自然上步或后退,循套路路线行功,自然和谐,看不到刻板动作。太极拳行功有个要求,胯关节以上肩关节以下的躯干部位空松,似一个空杯,或是一只灯笼。陈式太极拳大师陈长兴素有"牌位先生"的雅号。假如他行拳推手前仰后合主动妄动,大家也不会送此尊号了。

在太极拳中,练好步法的前提是周身必须有一定的松活劲,身子初步有些整合,否则练起来劲沉不到脚上,动起来站都站不稳,或者步动腰不动,腰动腿提不起来,身动手不能相随,东倒西歪,上下散架,这样的步自己一动就想摔倒,交起手来必定挨打!所以练太极拳的人,基本功有一定的基础之后就要抽出时间,专门地修炼步法。当然,在套路中也可以,不过最好是多体会 种步型,比如野马分鬃,搂膝拗步!

扫一扫二维码

(王崇菲:陈式太极步法训练)

第十论　刚柔

夫拳术之为用,气与势而已矣!然而气有强弱,势分刚柔。气强者取乎势之刚,气弱者取乎势之柔。刚者以千钧之力而扼百钧,柔者以百钧之力而破千钧。尚力尚巧,刚柔之所以分也!

然刚柔既分,而发用亦自有别。四肢发动,气行诸外而内持静重,刚势也;气屯于内而外现轻和,柔势也。用刚不可无柔,无柔则环绕不速;用柔不可无刚,无刚则催逼不捷。刚柔相济,则沾、粘、连、随、腾、闪、折、空、掤、捋、挤、捺,无不得其自然矣!刚柔不可偏用,用武岂可忽耶!

解析:

刚与柔是太极拳中的一个对立关系,是相对矛盾又统一的,并能相互转化。按照阴阳学中"无极生太极,太极分阴阳"的原理,阴代表柔、阳代表刚,因为阴阳是可以相互转化的,所以刚柔也是相互渗透的。练习陈氏太极拳强调先去僵求柔,然后再集柔成刚而后始能刚柔相济。

2. 陈照丕的《太极拳总论》[①]

缓慢柔和,平稳舒展。连绵贯串,呼吸自然。

虚实分明,上下相随。速度均匀,轻灵美观。

含胸塌腰,沉肘松肩。虚灵顶劲,开裆贵圆。

下盘稳固,浩气沉丹。清气上升,升于百会。

浊气下降,降于涌泉。用意不用力,劲断意不断。

滑如冰凌黏如鳔,轻似棉花硬似铁。

运劲如抽丝,发步如猫行。

连引代击,蓄而后发。舍己从人,随机应变。

以形引气,以气摧形。形气结合,特点表现。

肌肉发胀,手指发麻。丹田发沉,膀胱发热。

足根发重,头顶发悬。

没有抽扯之形,没有提拔之意。

浑然一圆,方为合格。

4.2.2 拳诀

1. 陈鑫的《争走要诀》[②]

《争走要诀》是陈式太极拳论著。主要论述临敌取胜之法,讲解"据上游"之道。可作为推手技击的参考。原文如下:

---

① 余功保:《中国太极拳辞典》,人民体育出版社,2008年版,第341页。
② 陈鑫:《争走要诀》,http://blog.sina.com.cn/s/blog_5ef560fa0102wagh.html,下载日期:2015年8月30日。

两人交手，各怀争胜之心。彼此挤到十分九厘地位，只余一厘，分胜负全在此一厘地位。彼先占据，我即失败；我先占据，彼亦失败。盖得势不得势全系于此，此两人俱到山穷水尽也。

当此际者，该如之何？

曰：必先据上游。

问：如何据上游？

顶精（劲）领住中气，手略提高，居于敌手之上。身略前侵逼，迫彼不得势。力贵讯发，机贵神速；一迟即失败，一迅疾即得势。势得则手一前送，破竹不难矣！

如两人对弈，棋到局残，胜负在此一步；又如逐鹿，惟高才捷足者先得之；又如两国兴兵，先夺其辎重粮草。此皆据上游监脑之法也！

故平素打拳，全在一起、一转，所谓"得势争来脉，出奇在转关"。

本势手将起之时，必先使手如何承住上势，不令割断神气血脉。既承接之后，必思：手如何得机、得势？来脉真，机势得，转关自然灵动。

能如此，他日与人交手，自能身先立于不败之地，指挥如意。

来脉转关，顾可忽乎哉！

2. 陈鑫的《太极拳经论》

《太极拳经论》是陈式太极拳论著，主要阐述太极拳经纬之理，特别强调"明理""顺气"，为拳法境界之学，虽无具体拳技论述，实为拳技之纲要。原文如下：

自古混沌之后，一画初开，一阴阳而已。天地此阴阳，万物亦此阴阳，惟圣人能葆此阴阳。以理御气，以气行理，施之于人伦日用之间，以至仰不愧天，俯不怍人，而为天地之至人。

解析：

自太古时代混沌开辟，产生了一阴一阳。天地因为遵循这个阴阳而得永为天地，世上万物也都依这个阴阳而得以孕育生存。惟有智慧的圣人能够抱元守一静护保守这个阴阳，并依据阴阳生化万物的哲理，把握天地间的浩然正气，以此正气推行阴阳变化的大道法理，而应用在日常生活之中，使人生在世：上不辜负天地生养的大德，下不抱愧于他人，而都能够成为天地间有大智慧的圣人。

耍手亦是以理为主，以气行之，其用功与圣贤同。但圣贤所行者全体，此不过全体中之一端耳！乌足贵！

解析：

练习太极拳也是以符合阴阳变化的道理为主宰，培养真气运行周身，用于证明法理的完备。所用的功夫和圣贤是相同的。但是圣贤执行的是天地大道的完整功用,而练习拳术只不过是其中的一点开头,还不足以为珍贵。

虽然,由一端以恒其功,亦未始不可以即一端以窥其全体。所以,平素要得以敬为主,临场更得恭敬;平素要先养气,临场更要顺气而行。勿使有惰气参,勿使有逆气横。至于用力之久,而一旦机趣横生,妙理悉现,万殊一本,豁然贯通焉! 不亦快哉!

解析:

虽然是这样,但只要在这一点上持之以恒,精进用功,也未必不能够由局部进而窥透大道的整体。因为大道中蕴含着无限生机,所以平常就得常怀敬意,下场行功时更要心中恭敬,才有可能汲取天地间的生机来滋养己身。日常生活中要善于养气,行功时更要顺气行拳。勤下功夫,不要使身体内产生惰性,放松运行不要让因用力而产生的逆转气体横隔体内。正确行功持久后,有一天会突然明白:体会到了拳道中的机理情趣,天地生机的缘由妙理一齐涌现,这是万事万物返璞归真还原为一的道理,也是行功者功成现贯的现象。由此可谓已进入大道正途,已身已融入天地之间,不是很快乐的事吗?

今之学者,未用功而先期效,稍用力而即期成。其如孔子所谓"先难后获"何? 问:功夫何以用? 必如孟子所谓"必有事焉,而勿正,心勿忘,勿助长也"而后可。理不明,延明师;路不清,访良友;理明路清而犹未能,再加终日乾乾之功,进而不止,日久自到。

解析:

现在学拳练功的人,还没有用功就想预期效果,稍微下点功夫就想得到功成,其实是没有理解孔子的训诫:先难后获——只有先经过苦难,才能得到结果。有问功夫应用时应持怎样的心态? 应该如先贤孟子说的那样:只要是学习,就要诚心诚意,只管循规蹈矩就行。学理不明白就要宴请明情理的老师,道路不清楚就要访问良朋益友。但只有这些还是不够的,要像天体运行那样,天天不懈努力行功,奋进不止,时间久了,功夫就到了。

问:得几时? 小成则三年,大成则九年。至九年之候,可以观矣! 抑至九年之后,自然欲罢不能,蒸蒸日上,终身无驻足之地矣!

神手复起,不易吾言矣! 躁心者其勉诸。

解析:

有问这个时间得多长呢? 可以这样说:要得到进入门户境界的灵悟,约要三年,若要功夫上身则需九年。练到九年之后,功夫就很可观了,而且再想不练则身体本身也停不下来,因为身体的行动已达自然运行的境界,尽此一生,也不会有停止不练的时候。这种说法,即便是前辈的老师在世,也不容易改变,心浮气躁的学人应该据此而勉励自己。(心浮气躁的学人是否能从中得到什么呢?)

3. 陈鑫的《太极拳经谱》①

《太极拳经谱》的内容以四言歌诀形式论述拳理,共160余句。涉及内功、运架、技击、风格等多方面,以讲大原则为主,贯穿着极强的哲理性,为拳论中的精品。全文如下:

太极两仪,天地阴阳,阖辟动静,柔之与刚。
屈伸往来,进退存亡,一开一合,有变有常。
虚实兼到,忽见忽藏,健顺参半,引进精详。
或收或放,忽弛忽张,错综变化,欲抑先扬。
必先有事,勿助勿忘,真积力久,质而弥光。
盈虚有象,出入无方,神以知来,智以藏往。
宾主分明,中道皇皇,经权互用,补短截长。
神龙变化,倏测汪洋?沿路缠绵,静运无慌。
肌肤骨节,处处开张,不先不后,迎送相当。
前后左右,上下四旁,转接灵敏,缓急相将。
高擎低取,如愿相偿,不滞于迹,不涉于虚。
至诚运动,擒纵由余,天机活泼,浩气流行。
佯输诈败,制胜权衡,顺来逆往,令彼莫测。
因时制宜,中藏妙诀,上行下打,断不可偏。
声东击西,左右咸宣,寒往暑来,谁识其端?
千古一日,至理循环,上下相随,不可空谈。
循序渐进,仔细研究,人能受苦,终跻浑然。
至疾至迅,缠绕回旋,离形得似,何非月圆。
精练已极,极小亦圈,日中则反,月满则亏。
敌如诈诱,不可紧追,若逾界限,势难转回。
况一失势,虽悔何追?我守我疆,不卑不亢,
九折羊肠,不可稍让;如让他人,人立我跌,
急与争锋,能上莫下;多占一分,我据形胜,

---

① 陈鑫:《太极拳经谱》,http://blog.sina.com.cn/s/blog_627f09300102vatc.html,下载日期:2015年1月1日。

一夫当关,万人失勇。沾连粘随,会神聚精,
运我虚灵,弥加整重。细腻熨帖,中权后劲,
虚笼诈诱,只为一转;来脉得势,转关何难?
实中有虚,人已相参;虚中有实,孰测机关?
不遮不架,不顶不延,不软不硬,不脱不沾,
突如其来,莫知其然,跌翻绝妙,灵境难言。
试一形容:手中有权,宜轻则轻,斟酌无偏;
宜重则重,如虎下山。引视彼来,进由我去;
来宜听真,去贵神速。一窥其势,一觇其隙,
有隙可乘,不敢不入,失此机会,恐难再得!
一点灵境,为君指出。至于身法,原无一定,
无定有定,在人自用。横竖颠倒,立坐卧挺,
前俯后仰,奇正相生。迴旋倚侧,攒跃皆中,
千变万化,难绘其形。气不离理,一言可罄,
开合虚实,即为拳经。用力日久,豁然贯通,
日新不已,自臻神圣。浑然无迹,妙手空空,
若有鬼神,助我虚灵,岂知我心,只守一敬。

(此文在《陈氏太极拳图说》中有收录)

4.2.3 拳歌

1. 陈王廷的《拳经总歌》①

《拳经总歌》最早见于河南温县陈家沟陈氏两仪堂本太极拳谱,是参照戚继光《拳经》歌诀,提纲挈领地撰写而成的纲要性歌诀。全文22句,154字,是陈式太极拳的经典。然而,细心揣摩全文,它不但是陈式太极拳的技击纲要,而且还可以作为各门拳种的技击指导。

纵放屈伸人莫知,诸靠缠绕我皆依。
劈打推压得进步,搬撂横采也难敌。
钩掤逼揽人人晓,闪惊巧取有谁知?
佯输诈走谁云败?引诱回冲致胜归。
滚拴搭扫灵微妙,横直劈砍奇更奇。
截进遮拦穿心肘,迎风接步红炮捶。

---

① 陈王廷:《拳经总歌》,http://blog.sina.com.cn/s/blog_4dfc137c010086dy.html,下载日期:2008年1月19日。

二换扫压挂面脚，左右边簪庄跟腿。
截前压后无缝锁，声东击西要熟识。
上笼下提君须记，进攻退闪莫迟迟。
藏头盖面天下有，攒心剁肋世间稀。
教师不识此中理，难将武艺论高低。

2. 陈长兴的《太极拳用武要言》

《太极拳用武要言》是陈式太极拳理论名篇，主要论述太极拳技击纲要。内容涉及精神状态、进身、步法、打法、审势等诸方面，为陈长兴重要作品。原文如下：

要诀云：捶自心出，拳随意发。总要知己知彼，随机应变。

心气一发，四肢皆动。足起有地，动转有位。或粘而游，或连而随；或腾而闪，或折而空；或掤而捋，或挤而捺。

拳打五尺以内，三尺以外，远不发肘，近不发手。无论前后左右，一步一捶。遇敌以得人为准，以不见形为妙！

拳术如战术：击其无备，袭其不意；乘击而袭，乘袭而击。虚而实之，实而虚之；避实击虚，取本求末。出遇众围，如生龙活虎之状；逢击单敌，似巨炮直轰之势。

上、中、下一气把定，身、手、足规矩绳束。手不向空起，亦不向空落，精敏神巧全在活。

古人云：能去能就，能刚能柔，能进能退。不动如山岳，难知如阴阳；无穷如天地，充实如太仓；浩渺如四海，眩曜如三光。察来势之机会，揣敌人之短长。静以待动，动以处静，然后可言拳术也！

要诀云：借法容易上法难，还是上法最为先。

战斗篇云：击手勇猛，不当击梢，迎面取中堂；抢上抢下势如虎，类似鹰鹞下鸡场。翻江拨海不须忙，丹凤朝阳最为强；云背日月天交地，武艺相争见短长。

要诀云：发步进入须进身，身手齐到是为真。法中有诀从何取？解开其理妙如神。

古有闪、进、打、顾之法：何为闪？何为进？进即闪，闪即进，不必远求！何为打？何为顾？顾即打，打即顾，发手便是！

古人云：心如火药手如弹，灵机一动鸟难逃。身似弓弦手似箭，弦响鸟落显神奇。

起手如闪电，电闪不及合眸；击敌如迅雷，雷发不及掩耳。

左过右来，右过左来。手从心内发，落向前面落。力从足上起，足起犹火作。上左须进右，上右须进左。发步时，足跟先着地，十趾要抓地。步要稳当，身要庄重。去时撒手,著人成拳。上下气要均停,出入以身为主宰;不贪不歉,不即不离。拳由心发,以身摧手,一肢动百骸皆随。一屈统身皆屈,一伸统身皆伸;伸要伸得尽,屈要屈得紧。如卷炮卷得紧,崩得有力。

战斗篇云:不拘提打、按打、击打、冲打、膊打、肘打、胯打、腿打、头打、手打、高打、低打、顺打、横打、进步打、退步打、截气打、借气打,以及上下百般打法,总要一气相贯。

"出身先占巧地",是为战斗要诀。骨节要对,不对则无力;手把要灵,不灵则生变。发手要快,不快则迟误;打手要狠,不狠则不济。脚手要活,不活则担险;存心要精,不精则受愚。

发身要鹰扬猛勇,泼辣胆大,机智连环,勿畏惧迟疑。如关临白马,赵临长坂。神威凛凛,波开浪裂。静如山岳,动如雷发。

要诀云:人之来势,务要审察。足踢头前,拳打膊下。侧身进步,伏身起发。足来提膝,拳来肘拨。顺来横击,横来捧压;左来右接,右来左迎。远便上手,近便用肘;远便足踢,近便加膝。

拳打上风,审顾地形。手要急,足要轻,察势如猫行。心要整、目要清,身手齐到始为真。手到身不到,击敌不得妙;手到身亦到,破敌如摧草。

战斗篇云:善击者,先看步位,后下手势。上打咽喉下打阴,左右两肋并中心。前打一丈不为远,近打只在一寸间。

要诀云:操演时,面前如有人;对敌时,有人如无人。面前手来不见手,胸前肘来不见肘。手起足要落,足落手要起。

心要占先,意要胜人。身要攻人,步要过人。头须仰起,胸须现起。腰须竖起,丹田须运起。自顶至足,一气相贯。

战斗篇云:胆战心寒者,必不能取胜;不察形势者,必不能防人。

先动为师,后动为弟。能教一思进,莫教一思退,胆欲大而心欲小。"运用之妙,存乎一心"而已!一理运乎二气,行乎三节,现乎四梢,统乎五行。时时操演,朝朝运化;始而勉强,久而自然!拳术之道学,终于此而已矣!

4.2.4 拳经

1. 陈鑫的《太极拳缠丝精论》①

太极拳,缠丝法也。

进缠,退缠,左右缠,上下缠,里外缠,大小缠,顺逆缠,而要莫非即引即缠,即进即缠,不能各是各着。若各是各着,非阴阳互为其根也。

---

① 陈鑫:《太极拳缠丝精论》,https://mp.weixin.qq.com/s,下载日期:2017年6月29日。

世人不知,皆目为软手,是以外面视之,皆迹象也。若以神韵论之,交手之际,刚柔并用,适得其中,非久于其道者不能撤其底蕴。

两肩松下,两肘沉下,秀若处女见人,肆若猛虎下山。手即权衡,称物而知其轻重。打拳之道,吾心中自有权衡。因他之进退缓急,而以吾素练之精神临之,是无形之权衡也。以无形之权衡,权有形之迹象,宜轻宜重,而以两手斟酌,适得其当,斯为妙手。

2. 张彦的《太极拳正宗论五字妙诀》[①]

心静

心不静则不专,一举手前后左右全无定向,故要心静。起初举动未能由己,要舍己从人,随人所动,随曲就伸,不丢不顶,勿自伸缩。彼有力我亦有力,我力在先;彼无力我亦无力,我意仍在先。要刻刻留心,挨何处,心要用在何处,须向不丢不顶中讨消息。从此做去,日积月累,便能施之于身。此全是用意,不是用劲。久之则人为我制,我不为人制矣。

身灵

身滞则不能进退自如,故要身灵。举手不可有呆相,彼之力,方觉有侵我之皮毛,我之意已入彼骨里。两手支撑,一气贯串。左重则右虚而右已去,右重则左沓而左已去。气如车轮,周身俱要相随,有不相随处,身便散乱,便不得力,其病于腰腿求之。先以心使身,从人不从己,后使身能从心,由己仍从人。由己则滞,从人则活。能从人手上便有分寸,量彼劲之大小,分厘不错,权彼来之长短,毫发无差。前进后退,处处恰合。功弥久而技弥精,技能精,进退之间,自然从人。而亦由己随心所欲。自无失着之处矣!

气敛

气势散漫,便无含蓄,身易散乱,务使气敛入脊骨,吸呼灵通,周身无间,吸为合为蓄,呼为开为发;盖吸则自然提得起,亦拿得人起;呼则自然沉得下,亦放得人出,此是以意运气,非以力使气也。

劲整

一身之劲练成一家。分清虚实,发劲要有根源,劲起于脚跟,主宰于腰,形于手指,发于脊背。又要提起全副精神,于彼劲将出未发之际,我劲已接入彼劲,恰好不先不后,如皮然火,如泉涌出,前进后退,无丝毫散乱,曲中求直,蓄而后发,方能随手奏效。此谓"借力打人,四两拨千斤"也。

[①] 张彦:《太极拳正宗论五字妙诀》,https://mp.weixin.qq.com/s,下载日期:2017年2月7日。

神聚

上四者俱备,总归神聚。神聚则一气鼓铸,炼气归神,气势腾挪,精神贯注,开合有致。虚实清楚,左虚则右实,右虚则左实。虚非全然无力,气势要有腾挪。实非全然占煞,精神贵贯注。紧要全在胸中腰间运化,不在外面。力从人借,气由脊发。胡能气由脊发?气向下沉,由两肩收于脊骨,注于腰间,此气之由上而下也,谓之合。由腰形于脊骨,布于两膊,施于手指,此气由下而上也,谓之开。合便是收,开便是放。能懂得开合,便知阴阳。到此地位,功用一日,技精一日,渐至从心所欲,无不如意矣!

4.3 太极拳的十大理论

随着时代的发展、科学的进步和历代太极拳家们的努力,太极拳理论也在不断更新和完善,道理日渐明朗,更加便于深入浅出地向太极拳演练者进行指导。

4.3.1 太极气论

太极拳中对气的阴阳是这样划分的:呼气为阳气,吸气为阴气;体内上升之气为阳气,下沉之气为阴气。阴气与阳气之间的相互关系为:阳气上升仍为阳气,阳气下行即为阴气;阴气上升即为阳气,阴气下行仍为阴气。

气为人的生命之根本,而气的根本却在于阴阳,没有阴阳变化的气就成为死气。学习太极拳,必须懂得太极气的阴气与阳气的重要性。人身上的阳气就像天上的太阳一样重要,假若阳气一旦失去了正常的位置而不能发挥其重要作用,那么人就会减损寿命或夭亡,生命机能也暗弱不足。就像天体之所以运行正常,是由于太阳的光明普照而显现出来一样,人的阳气也应当在上在外,并且起到保护身体、抵御外邪的作用。但是,练习者必须晓得,在人体烦劳过度时,阳气就会亢盛外张,并导致阳精逐渐耗竭。假若如此多次重复,阳气愈盛,而阳精愈亏,对练习者身体极为有害。因此,练习太极拳不可过度,适中生益,过度伤人。

练习太极拳必须在心平气静之时开练,切不可在大怒大恼之时练拳,并且要尽可能修身养性,减少生气不愉快的次数。这是因为人体中的阳气在大怒之时就会上逆,血随气升而淤积于上,与身体其他部位阻隔不通,使人发生昏厥。一旦伤及诸筋,更为糟糕,人体中筋驰纵不收,而不能随意运动。这都是十分危险的,对人体极为有害。

人体中的阳气,既能够养神,使人精神慧爽,还可以使身体中诸筋柔韧。这就是阳气的功用。

阴气与阳气是同时存在的。阴气是藏精于内不断地扶持阳气的,阳气是卫护体外使身体表面固密的。如果说阴不胜阳,阳气亢盛,就会使血脉流动迫促,若再受热邪侵,阳气就更盛,就会发为狂症。如果说阳不胜阴,阴气亢盛,就会使练习者体内五脏之气不调,以致九窍不通。所以,只有使人体内阴阳平衡,无所偏胜,才能达到筋脉调和,骨髓坚固,血气畅顺。这样一来,练习者便可内外调和,邪气不能侵害,耳聪目明,机体正常运行。

阴气与阳气的关键,以阳气的致密最为重要,阳气致密,阴气就可固守于内,如果阴气与阳气二者不协调,就如同一年之中的四季失去了平衡,只有春天而无秋天,只有冬天而没有夏天一样。由此而来,阴气与阳气的配合协调,相互为用,是维持正常生理状态的最高标准。

所以,阳气亢盛,不能固密,阴气就会竭绝。阳气和平,阳气固密,人的精神才会正常。如果一旦阳气与阴气分离决绝,那么人的精气就会随之而竭绝。

至于有人所分清气与浊气,也不外乎阳气与阴气。清气为上升之气,即为阳气;浊气为下沉之气,即为阴气。总而言之,气不可无阴阳之分,就像人们所说的:人不能无动静,鼻不能无呼吸,口不能无出入。

太极拳中气的根本与作用就是这些,虽分为二,实归于一。学习太极拳者处理好阴阳二气之间的关系,对于养生与练拳都会具有十分重要的作用。

4.3.2 太极神论

神是精气的外发之表现,也叫作灵气。世界上无论什么事物,只要它具备的精神足,其神情必然自足。对于人来说,精气虽然是存在于五官为骸的身体之中,实际上是体现在人的身体外部。太极拳练习者若心、手、眼俱到,就是有神的体现。没有神情的人如同死了一般,是根本不会动的人。

神在人身体外的表现不止于眼一处,但是只有在眼上面体现的神情显而易见。所以,练习者习拳训练之时,眼神至关重要,千万不可东张西望,也就是做到目不妄视,必须让眼光随着主手的往返来回移动。

例如,在太极拳套路打"懒扎衣"这个动作中,练习者的目光必须随其右手中指徐徐而行,手运到头,目光也到头,牢牢地将目光盯在中指尖上,不能随便乱张望。这样的话,就可将练习者全身的精神都集中在这个动作上。打"单鞭"这个动作,则必须使练习者将目光集中在左手之上,慢慢运行,到单鞭这个动作打完之时,再将目光集中到左手指尖上,也不能随便张望。打"撇身拳",练习者须将目光集中在左右脚尖上;打"肘底看拳"及"小擒拿",须将目光集中在肘底拳上;打"斜行拗步"时右手在前,须将目光集中在右手上;打"抱头推山"时,两只手虽然都在前,但是其中分有主次,以右手为主,此时,练习者虽然目光并注,但是必须将目光偏注于右手之上;打"指裆拳",须将目光集中在下打之上;打"下步跨虎",须将目光集中在上方;打"掩手肱拳",须将目光集中于前方。基本上不论上下左右前后哪个方向,只要是主要的动作方向,就必须将眼光集中在那个地方。拳路中也有目光集中在别的地方,但实际上要打的却是相反地方,这正是声东击西、左顾右盼、指南打北的神机妙用。

古代人常讲大将军八面威风,就是指拳术高超者,眼光四面劲射,浑身上下,处处均有精神所在,也就形成咄咄逼人的八面威风。

陈王廷根据阴阳开合之理,并参阅了《黄帝内经》《针灸大成》,在108势长拳的基础上创造了太极拳,于无处生有,似乎很神秘的。但是,又要演练者彻悟太极拳是由太极阴阳变化而创,由太极图的道理演变而来,动静、快慢、刚柔、虚实、开合运转变化是随意自然的变化,太极神情可自然体现出来。

4.3.3 太极拳论

何为太极拳,这个问题恐怕是众多太极拳练习者最关心的问题之一。一个太极拳爱好者迷上了太极拳,又十分下功夫地学习,但若弄不清什么是太极拳,处于茫然之中,自然拳术再练也无所长进,甚至于背本逐末,走上邪路。

若要弄清什么是太极拳,首先必须弄清楚"太"与"极"这两个字的来源。

"太"字原为大。《易乾》上讲:"大哉乾元,万物资始。"意思就是说"大"字是世上万物形成之前的乾元之境,无边无际。后来,当人们想表示比"大"字含义更广、更深、更远、更高之境时,就在"大"字的底下又加上了一点,即为"太",含义为无比、无际、无止、无沿、无上,比"大"字之义更上一层,直至虚灵。这即为"太"字之源。

"极"字原意为房屋中间顶端顺房之木,即屋脊之栋,含义也为最高、最上。

但是,要讲太极之义,还必须先弄清无极之义,因为太极之本为无极。中国古代哲学中派生宇宙万物的本源,原始混沌之气境即为无极。而总括天地万物之理,便成为太极。无极之境是静止的,意理行而生太极。太极动便产生阳,动极便静,静而后生阴,于是,两仪便产生,接着由两仪而生出四象,四象再生出八卦,从而产生了天、地、风、雷、水、火、山、泽八种自然现象,进而推衍为宇宙间的万事万物。所以说,太极本无极。

知道了太极与无极这两个词的原意,再来看太极图,领会太极拳的由来。

古代的道家把太极形象描绘为一个圆圈,意为太极是一气循环,运动开始,即界分阴阳,但只是一个圆圈的图案,如同表示无极之景,难以与太极区别开来,更难以表示因太极所动而产生的阴阳两仪之变化。于是,道家便又制出了阳动阴静图,并且以阴阳图的左部白色图案为动阳,右部黑色图案部分为静阴。白色图案中有黑色图案来表示动阳之根,在黑色图案中有白色图案来表示静阴之根,最终于动阳的白色图案中以一个小圆圈的方式,将两种颜色的图案连接在一起,称这个小圆圈为太极。但是,阴阳图当中的小圆圈子并不是小圆圈,而是与最外边的大圆圈是一体,也即同一个圆圈,意在表明阴静与阳动的变化皆在太极之中,是太极的原有之物。然而人们却难以仅用一个圆圈既能表示太极,又能显示出阴静与阳动的变化关系,所以才于太极大圆圈当中阴阳变化显示之后再画出一个小圆圈,这是书不能尽言、画不能尽意的一种衍生表现手法。这也就是太极阴阳图的产生根源。它的产生根本上就是要向人们展示一个古老的、科学的哲理:阳生于阴,阴产于阳;静中有动,动中有静。

太极拳正是由陈王廷根据太极阴阳图中的阴与阳、动与静的变化而创造的。

首先,陈王廷创造太极拳时根据太极图中阴阳之变,将一招一式的动作都分出了虚实变化。强调演练者在演练太极拳时,放松全身、虚灵顶劲、含胸塌腰、松腰养气、沉肩坠肘、气沉丹田、上下相随、内外相合、上下承接、连绵不断、动中求静、上虚下实、上身灵活、下盘稳固,从而形成顺应自然变化的太极拳。其次,陈王廷又根据太极阴阳图中的"动生于静,动极又静,静极复动"的静动互变原理,要求练习者必须于拳路变化中动中求静,放慢运动,以自己静中所生之动来克制对方的莽动,从而取胜。再者,陈王廷又根据太极阴阳图为圆形,而使自己所创拳路动作尽量多呈弧形,做圆周或半圆周的运动。

正是因为陈王廷所创拳路是以太极阴阳图为本,并在多方面具备太极阴阳图之性与形,所以才取拳名为"太极拳"。

4.3.4 太极心论

世界上只有人是万物之灵,而心又为人体五官百骸之灵。所以,心为人一身之主。只要心一动,五官百骸自然听其指挥,随其运动。如果身体某些部位器官没有按着心中指令目标路线进行运动,则是因为演练者自己的心力没有达到,不可归罪于身体某部。

当前,中国武术十分盛行,全国乃至世界范围形成了一股习武的热潮。有关武术的书报杂志如雨后春笋般纷纷出现,经史备载,子集流传,名家论著,实在为数不少。但是,若要练习太极拳必须知道太极拳是因太极阴阳图而发。太极图外面的形迹和里面所包含的精意形象地体现在拳势之上,也就是说太极拳既有成形可见的套路,又有无形意会的拳理,这两者若不能有机地结合在一块,练习者就不会明白拳理是如何发于拳势,更不会懂得拳势的运动实质上是在运气和养先天自然之元气。

首先,学习太极拳必须用心研究其中的道理,而不可只是盲目练其外形。练习者洞晓太极拳理之后,四体开合擒纵就会运用自然、恰到好处、随心所欲,达到高层境界。其次,学习太极拳必须具备恒劲,面对高手不要行远自返,登高自卑,望洋兴叹,临渊羡鱼,半途而废。要以自己的能力与智慧深悟打拳之理的高层奥妙。世上无难事,只怕有心人。有志者,事竟成。只要练习者专心致志,刻苦学习,一定会对太极拳心领神会。最后,学习太极拳,切不可将其当作拳道。在学习时马马虎虎,吊儿郎当。那样只会白搭工夫,浪费力气,虚度时光,一事无成。

因此,学习太极拳,练习者开始练习之前必须先练心,平心静气,清除一切私心杂念,然后再开始练举。如此一来,练习者身体自然灵动,下体自然稳重,任天机往来,运自身开合,凭太极元气全身周流。

4.3.5 太极意论

在太极拳中十分注重意的运用。这个用意主要是指练习者的身体在充分放松的情况下,大脑皮层运动中枢神经对人体各部位按照太极拳技击演练的技术要求进行的一种神经支配活动。

太极拳是一种轻沉兼备、内外兼修的运动,要求动作沉稳,圆活连贯;身体姿势立身端正,不偏不倚。太极拳运动中五官百骸的运动都是十分有分寸、十分有神韵的,是以意催形,形气结合,而意又发自心。所以,演练者只有心正时发出的意念指令才会使四肢正确运行,而在心术不正时发出的意念指令则会使四肢运行入邪道。这也就是说演练太极拳者贵在诚意,而诚意贵在松静,只有在身松气静的情况下,大脑中发出的对拳路运动的意念才能够集中,才能够细致入微,全神贯注地支配各个动作进行姿势调节,引导周身气血流通无阻无滞,推掌出手,投脚拗步,无不使润血精气达于脚尖手指,身法自然端正。一旦演练者急切慌张或者心不在焉,其演练太极拳的身法、手势、步形必然非偏即倚,不中规矩,不合拳理,不顺自然。

初学太极拳者,在动作尚不熟悉之际,再加之大脑皮层的兴奋与抑制处于紧张扩散状态,正确的、完整的动作概念尚未形成,演练起来,偏重于用力,以力正形,手脚不随,上下不合,动作笨拙,身体僵直,连以形带意也谈不上。

当演练者经过一段时间的正确训练,初步建立了完整的、正确的太极拳动作姿势与技术概念,基本上可以保证套路熟练、规格合度、演练自如的技术要求之时,就可以追求意的训练,先由以形带气,进一步向以意催形、形气结合的高层次发展。

当演练者能够洞彻太极拳理,并将太极拳理贯注于整个太极拳套路之间时,演练者的太极拳术就达到了一个高层次的水平,即以意催形,内外兼修。这个时期,演练者对太极拳套路的认识及演练都有十分明显的变化,拳术套路练得十分精练娴熟,绝无臃肿繁杂妄动动作,举手投足均有技击含义,即便有时出现了身体偏斜,也是正确的偏斜,并在偏中寓于正意,缠绵自然,发合力时,力大千钧,与外家拳术截然不同。

演练者必须明白这样一个道理:练拳有两种练法,一个是由理而发进行练习,一个是由气而发进行练习。如同有些练硬手的人,绝对是为了练气,若练成,也是十分威猛,咄咄逼人。但是,硬手若与练意的太极拳相比,毕竟稍逊一筹,理占先天,先天占后天,一先一后,一高一低,绝不可同日而语。

所以,演练者必须达到吾之意可知,彼之意可想,知己又知彼,主动权在于自己一身之上,当进则进,当退则退,进退自如,寻机发力,岂有不胜之理。

以上所论,就是太极拳用意及练意的精妙之处,演练者必须用心体会,以审其意之所发是否合乎根本。

4.3.6 太极理论

学习太极拳,演练者自己心中必须明白,虽然太极拳术分套路与技击两部分,并且千变万化,无往非劲,变化多端,神秘莫测,势态各异,但是,其归根结底是由一源而发。

太极拳的一源就是演练者从头顶到脚底,内有脏腑筋骨,外有肌肤毫毛、四肢百骸相连而成的一个身体。这一个身子整体顺其性之自然,行其事之当然,合乎人心之同然,究乎天理之所以然;一开一合,顺其自然;一刚一柔,绝无勉然;一动一静,恰合天然;一虚一实,全练皆然;久而久之,破之而不开,撞之而不散,上欲动而下自随之,下欲动而上自领之,上下动而中部应之,中部动而上下和之,内外相连,前后相濡,一以贯之。但是,演练者要达到这般程度的功夫并不是容易的事,不可性急,因为这不是一时半刻就能练就的,它需要一个由量变到质变的转换过程,功到自然成。

当演练者具备了上述功力之后,在出击上也必须把握时机,掌握分寸,伺机而动,一旦出手,如龙威虎猛,出敌所料,急如闪电,瞬间完成动作;如需要静,务必寂然湛然,一动也不动,站在自己当站的地方,如泰山一般稳固。也就是要求演练者当静身体无一不静,全身里外上下没有一处参差牵挂的地方;一动身体无一不动,全身前后左右不准一处有犹疑抽扯的地方,干净利落,迅雷不及掩耳,不假思索,如高流湍下,令敌不能防御并处于茫然被击之中,这就是太极拳技击的主要纲领。

劲以积日而有益,功能久练而后成。

学习太极拳,必须深入领会其中所蕴含的道理,然后才有可能成功。既不可急躁,又不能坐等,只有按照顺序规律,循序渐进,才能够使自己真正融会贯通,演练者方能使自己身体百骸筋节,自相贯通,上下表里自相联络,达到散者而统,分者而合,四肢百骸归属于一源,随心所欲的高层境界。

4.3.7 太极招论

太极拳是武术中的一种,它主要是运用手与足或正、或偏、或上、或下、或左、或右、或前、或后、或招落旋转,顺其理而得法,按其法而呈形,这个形就叫作势,一般都称作招。

演练者学习太极拳,必须得考虑这一招是由何而起,中间手足如何来运行,运行到势末如何收起,明白外面是什么形状,身内走的是什么劲别,并在心中仔细揣摩这一招与下一招之间怎么样承上启下,同时还必须使身内血脉贯通,不能够出现一丝一毫的隔阂,而将上下两招分为两截。

学习太极拳套路招式的方法就是由一招自成一招,使千百招如一招,一气贯通,招招相连,势势贯串,不能间断。

像懒扎衣一招,运动时,先把右手从左腋前端手背朝上,手指朝下,先转上一个小圈之后,再从下斜而上行,过上星、神庭前面,越右耳外侧,徐徐运行。当胳膊展开到八九分之时,千万不可开满,若先开至满,在技击的应用上必然处于被动局面。将手与肩运平,接着顺转圈用缠丝劲由腋下从里外斜缠到中指。千万不可向后掰,若掰,必然无力;也千万不可太弯,太弯,则也无力,一定要达到不偏不倚、曲中求直时为最佳。左手则是倒转,也用缠丝劲,由手外掌过手背缠到肩后外腋处停。将两手合住劲,右手如新月半弯之形,内气之运似停止而实际上并未停止,若停则气断,当内气运到十分满足之时,则下一招已经接住从此而起。这是懒扎衣中上体的运动变化。

在懒扎衣一招中,右脚也是与手同时划半个圆圈展开,先落仆参穴,后过涌泉穴,再至大敦穴、隐白穴而止,这时所落之脚为虚脚。之后,右腿再顺缠劲由大敦而起,过脚面,行至脚外腓,再从涌泉穴斜缠至内踝骨,一直由内向外逆行斜缠,缠过大腿,缠至腰间。左脚的脚趾向前,用倒缠丝劲,由外向里而缠,一直缠到大腿根处之后,再归于丹田之中。

懒扎衣一招的运动中,演练者必须保持右手与右脚一齐起。若要合时,说合,全身上下官骸一齐合住,不要让一处不合住。不合,则气不能达于四梢,不利于技击之运用。这是太极拳中一招的规矩,必须严格遵守。

太极拳招式之中,一般以手动为阳,手静为阴,手背为阳,手心为阴,前则为阳,后则为阴;但是,也有阴中之阳,阳中之阴,在手足的运行之中,哪个手为主,哪个手即为阳,哪个手为辅,哪个手即为阴。但是,也有一些招式之中是先阳后阴,外阳内阴,无论怎样变化,一阴一阳的变化必须不偏不倚,无过不及。

历代太极拳名家都十分注重于对一招一式中的身体运动的研究,从中悟出精妙的太极招式之理,并应用到太极拳的技击实践中去,方能达到功夫出神入化的境界。所以,学习太极拳必须得对太极拳中的每一招式,结合有关太极拳的理论,进行研究,克服和排除书面理论中因为文字化而带来的变异,继而方能吸取精华,去其糟粕,使自己的功夫向炉火纯青的高层境界发展。

4.3.8 太极情论

打太极拳同样有情,如果没有情,就不会产生欲扬先抑这样活泼而充满天机的运行变化了。没有情致地演练太极拳像木偶泥人一般,只是机械地做几个动作,如同死蛇塌地一般,呆笨无比,没有一点点情致,又有什么意思可谈呢?因为太极拳本身也包含有一定的表演性、娱乐性、健身性和技击性,所以演练太极拳时,必须能够让旁观之人眼想快看,口中乐道,心中愿学,总而言之,就是能够打动人心才行。

许多太极拳名家演练起太极拳来,能与音乐合起拍来,手足运行,身形变换,高低抑扬,舒展大方,犹如轻歌曼舞,在人们的一片惊奇赞叹声里,暗自将意行遍周身,寓无限太极天机于拳路变化之中,既练了功夫,又陶冶了情操,给人以美的享受,这一点是太极拳创造者得天独厚之才的衍传,其他拳术不可与之相比。

对于现在学习太极拳者来说,在太极情上更应当重视。发达的现代通信设施能将演练者的太极拳表演之情传遍全世界,人们则以更高的水平来欣赏,来要求。

太极拳的演练绝不可以无情,无情则会失去它本身许多的价值和奥妙,然而,若是与人进行推手体现技术之巧,则又断断不可有情,若是因人情而为太极拳术,就会使演练者失去太极拳本身价值和奥妙的全部。

太极情是矛盾而又统一的哲理体现,演练者不可以无情,也不可以有情,它们之间的相互关系是符合太极拳所秉承的太极之理的。

4.3.9 太极景论

演练者打太极拳时一开一合,时擒时纵,或屈或伸,有来有往,一片神行,曲折如画,妙趣横生,自然天成,奇情无比,这就是太极之景。

太极情离不开太极理,是因有理方能生情;太极景则又离不开太极情,则缘无情而不可成景。太极理与太极情、太极景之间存在着相承的关系,无此即无彼,有此必有彼。但是,若是演练者神智不开化,心中无妙趣,其打太极拳也断然难具太极之景。

演练者若想打拳呈现太极景,需要有一个循序渐进的过程,不可能会立思而得。首先,要求演练者必须遵循太极拳的运动规律,恪守拳理,不得随意造次。其次,演练者必须得动用脑子,思考太极拳理与太极套路之间的内在关系,琢磨透彻,牢记在心,将部署的运动规律铭刻在自己的脑海中。然后,演练者就可以根据太极拳的运动规律对自己所练习的部署招式姿态进行从意识到形体的自然修改,使自己的形体运动更合乎太极拳的运动规律,进而将太极拳运动的规律融化并呈现在自己的形体运动之上,即为出神入化,一招一式,一开一合,一上一下,均赋太极拳理于其中,太极情便油然而生,太极景也自然天成。演练者若练拳达到这个境界,演练起来,太极拳打得如同天花乱坠一般,神行变化,令人莫测,机关重叠,令人惊奇,身法娴熟,令人叫绝,此时正是里面有情,外面生景。

太极景对演练者的要求就是打起拳来务必奇景无比,让外人观看之时产生欢快舒畅、津津乐道、频频乐观的激情,就如同在天清气朗,惠风和畅,炊烟飘绕的阳春三月去郊游,处处重柳娇花,层层山明水秀,令人触目兴怀,心旷神怡,有尽三百里嘉陵山水不足与比之景。

演练者若将太极景练至这般境界,其太极拳技也逾中而偏上了。

4.3.10 太极性论

中国古代哲学家把太极分作阴阳两部分,以天与日为阳,以地与月为阴,阴阳既生,刚柔则现。阳刚与阴柔这两种相反的势力有机地结合在一起,互相依赖,互相制约,互相转化,互相为用,浑然一体,即为太极性,也即刚柔相济,以柔克刚。

阳刚与阴柔是两种对立的物质属性,它们是相互对立,相互渗透,相互转化的。在太极拳运动中所表现出来的刚劲或柔韧,均是柔中带刚,刚中带柔,刚柔相济而生劲。刚则快速迅猛有力,柔则柔和缓慢沉着,有柔无刚立足不稳,有刚无柔转动不灵。

太极性为刚柔相济,并主张以柔克刚。太极性体现在太极拳术之中以阴阳而现。阳刚与阴柔同处于一个统一的共体之中,绝对不可分开。但是对于演练者来说，太极性则会体现于练拳时的形体姿态之上，动作若硬即偏刚，动作若软则偏柔。究竟刚柔如何相济，太极拳古诀中讲得十分明白：纯阴无阳是软手，纯阳无阴是硬手，一阴九阳根头棍，二阴八阳是散手，三阴七阳犹觉硬，四阴六阳类好手，唯有五阴并五阳，阴阳无偏称妙手。

但是，五阴并五阳，阴阳无偏也并不是否定以柔克刚，反而是为了更好地达到以柔克刚。主张以柔软去克刚硬，似乎是邪说，实则为哲理，古言即有"水滴石穿、绳锯木断"之说，它本身也就是以柔克刚的实例。

以柔克刚的太极性体现在太极拳术上主要是应用螺旋力、重力及惯性、杠杆等科学原理，讲究避实击虚，而以四两之力去化拨对方的千钧神力，并将其力作用于其身。在技击应用上具体体现为：若对方以猛拳击来，太极拳演练者即首先略闪身让过对方拳击锋头，避开来劲，并引往空旷之处，让对方失去拳击的对象，其力放而难收，即为太极拳之"引进落空"，尔后再将自己的力量作用在对方身上，加大对方失控的作用力，令对方处于无根无基无控状态。此时，无论演练者如何收拾对方，对方均无还击之力，只有挨打的份，没有进攻的机会，这便是太极拳中的"得机即击"。如此迎战还击，即为太极性所主张的以柔克刚。

太极性在太极拳中的运用方法主要是沾、依、粘、随四种。"沾"即指演练者如同胶一般，紧紧地沾住对方；"依"即指演练者要依靠对方，与对方一直保持着十分紧密无间的关系；"粘"即指演练者要如同漆一般，当对方想收身脱离之时，紧贴上去，令其欲罢不能；"随"即指演练者必须随着对方来去，彼欲左己则左，彼欲右己则右。有沾必有粘，有依必定随。沾、依、粘、随的方法中，身体正是刚柔相济地去化解对方之劲，所以，必须不顶不抗，随来随往，在对方运行之中寻求破绽，以期实现以柔克刚的最终目的，用技击技巧轻而易举地制服对方。

太极性的灵活运用是一个相当高的层次，它的实现需要演练者进行长时间的锻炼，方能运用得当。初学太极拳时，演练者不常活动，身体上各部位都比较生硬，存在着一股僵劲。所以，要掌握太极性的运用，必须先从柔劲的锻炼入手，经过一定时间，克服自己身上存在的僵劲，便会越练越灵活，气血愈畅通，手脚则渐渐生力，而这些力则是由柔中而产生，进而便可自柔中生刚。由刚而柔，再由柔而刚，刚中产柔，柔中生刚，刚柔相济，随屈就伸，无过不及，豁然贯通，运转自如。演练者只有达到这个阶段，方算悟彻了太极性，具备了一定的功夫，再继续深造下去，即可达到拳术炉火纯青的境界。

第 5 章
Chapter 5

太极拳训练途径

5.1 习练太极拳的原则

太极拳习练的原则要求是在所有套路中要求立身中正、松肩沉肘、含胸塌腰、呼吸自然、松胯屈腰、虚实分明、上下相随；以丹田为核心，做动作时不失核心，只要核心不失，不管动作多低，幅度倾斜多大都行；擦脚时，两手相合，擦哪只脚，对应侧手在外；在整套拳中没有平面，没有直线，没有断续处，没有凹凸处。

"大匠诲人，必以规矩。"练太极拳，首先要准确地掌握太极拳的种种规矩，也就是弄清周身各部位要领规矩。拳谚讲："学习太极拳，是学人规矩不学人巧。"巧劲是通过正规的架子千百遍地练习而自然产生的整体力量，只有平时训练各种动作都规矩了，才会逐步地训练出巧劲来。

太极拳对身体各部位都有严格的要求。具体如下：

1. 脚

练太极拳对脚的要求较高，要五指抓地，涌泉穴空起，光用脚跟用劲或光用前脚掌用劲，都不正确，要整个脚触地，这样才稳。陈鑫说："千变万化由我运，下体两足定根基。"脚是人体的根节，又是下肢的梢节，它是人依靠蹬地的反作用力而产生力量的关键部位。支撑腿要通过小腿的力量作用于脚上，使脚与大地相接，有入地三尺之感，这样脚上才能有根。练习太极拳时，脚有震脚、旋风脚、踢脚、拍脚、二起脚、分脚、蹬脚、提脚、擦脚等动作，每个动作对脚的要求都不一样，要根据动作的要求多练习。

练拳时，踏实的脚是决不许随意乱动，如需外开或里扣时，要以脚跟为轴，脚掌擦地而外开或里扣，不许把脚尖翘起。提脚出步时，是松胯塌腰，稳定重心,屈膝松踝,提脚,再出步。出脚时,要轻灵,如探深渊,如履薄冰,迈步如猫行。两脚步型多系"不八不丁"之斜行步法。两脚虚实转换重心时,多系四六开,但也有三七、二八开。用膝时,脚腕必须放松,脚自然下垂;蹬脚、震脚时,脚腕相对要收紧。每个动作对脚的要求都不一样,如图 5-1 所示,要根据动作的要求多练习。

正拍脚(右擦脚)　　外摆脚(双摆莲)　　正蹬脚(玉女穿梭)　　内摆脚(旋风脚)

图 5-1　脚的动作

2. 膝

常听有人说,练太极拳膝疼,这和站姿及受力有关。练拳时注意膝关节要和脚尖的方向一致且不要超过脚尖,不要有角度,里合或外摆都不对,那样膝都会受力,造成损伤,如图 5-2 所示。做到"双膝常常里合,双脚常常里扣"以保持腿开裆合,开中寓合之意,架子适中为好。弓步时,后腿膝既不能绷直,也不能软塌,要使委中穴外有微微外掤之感。独立时,膝关节要尽力上提,如图 5-3 所示。

腿部力量要通过膝传递到脚上,膝关节是不负重的。另外,练拳后恢复也是很重要的,结束后,要做一些放松动作,使全身都得以放松,这对各关节也会起到保护作用,不要练拳结束后直接回去,这样腿部没得到充分放松,对膝关节不好。

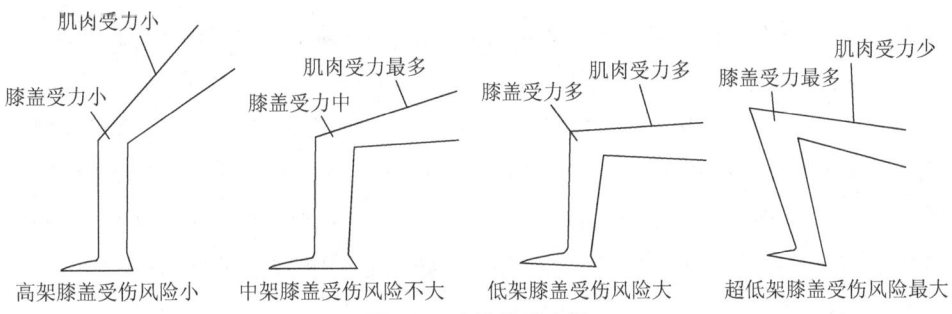

图 5-2　膝关节受力图

图 5-3 膝的动作

3. 腿

练太极拳时,腿的支撑作用非常重要,根据身体状况调整腿的曲度,水平较高时一般大腿与地面平行,自己要量力而行。腿站立时,要外侧用劲,有外撑之感,形成圆裆,一定切记不要两腿向里夹,形成夹裆,这样就会顶髋关节,使动作松沉不下来,起不到锻炼的目的。另外,有些动作是铲地,要脚跟内侧先触地,不要整个腿向前迈,注意重心的变化。凡独立步,要注意做到顶劲领好、收腹、吸气、松胯、提肛、五趾抓地,这样有利于稳定重心,腿的动作如图 5-4 所示。

外摆腿(左擦脚)

里合腿(右擦脚)

前扫腿(扫堂腿)

右蹬脚(右蹬一跟)

图 5-4　腿的动作

4. 裆、臀、尾骨

在练拳过程中，裆部一定向外用力，形成圆裆。重心移动时，要有意走下弧，就像锅底形状，走一个横型的 8 字。臀部要注意内收，不要向上翻臀，或蹶臀，那样形不成立身中正，虚领顶劲，如图 5-5 所示。尾骨要放松，自然下沉。裆任何时候都要保持虚、圆。

立身中正(浑圆桩)
图 5-5　臀的动作

5. 腰及小腹(丹田)

腰是连接上下肢的枢纽，是核心。经常会听到太极拳要主宰于腰，可见腰的重要程度。练拳时一定注意不要塌腰、拎腰、拱腰、撤腰，如图 5-6 所示，这都不对，要松腰，这样动作才能做到位。腰要有对拉拔长之感，四成上升，六成下沉。另外，丹田是注意呼气发力实腹，命门处有向后膨胀之感。

撤腰　　　　　拱腰　　　　　拎腰

图 5-6　腰的错误动作

6. 胸、脊、背

要想立身中正，就要含胸拔背，这是大家都知道的，但要真正做到这一点，实属不易。太极拳有很多发力动作，如掩手肱拳，发力时要胸腰折迭，通过蹬地转髋，用寸劲将拳发出。胸要空，腹要实。只有胸空腹实才能发出松活弹抖之劲。脊椎要有松直感，以保持立身中正。结合丹田带动，逐步练出胸腰折迭之功。

拔背(背面)　　　含胸拔背(侧面)　　　含胸拔背(正面)

图 5-7　胸背的动作

7. 肩

练太极拳时常听到要松肩沉肘，但练拳过程中人会经常出现拱肩、扛肩、晃肩、耸肩等情况，这与心理紧张或动作不熟练，以及思想不集中有关。因此，练拳时要放松心情，安心听音乐。腋下要虚，就像放个鸡蛋一样，不要夹死，有外撑之感，如图 5-8 所示。

肩侧靠　　　　　肩前靠　　　　　肩后靠

图 5-8　肩的动作

8. 臂

双臂要协调配合,高低、上下、左右都要兼顾到。双臂要保持掤劲,有外撑之意,不准吊臂,处处显示臂的掤劲,如图5-9。

抬臂(六封四闭)　　提臂(懒扎衣)　　两臂成弓形(单鞭)　　合臂上掤(上步七星)

上托外掤(金鸡独立)　　两臂上托下按(右托千斤)　　两臂侧面外掤(金刚捣碓)

图5-9　臂的动作

9. 肘

沉肩垂肘,主要是说肘要下沉,不要架肘,如图5-10。一般是肘既不要贴着肋,又不离开肋。

穿心肘　　　　　顺拦肘　　　　　腰拦肘

迎门肘　　　　　　上挑肘

图 5-10　肘的动作

10. 腕

练太极拳时腕部一般要放松,腕手指节节贯穿。手撑时腕部要发力,使气感推到手指末梢处,指尖向上,不要使手向前或向后,这样气感会不通畅。折腕多用于小臂或掌根;旋腕多用在解脱或反拿时走螺旋劲,或变换手法走折迭劲时,也叫活腕,如图 5-11。

折腕　　　　　　旋腕　　　　　　提腕

图 5-11　腕的动作

11. 手

发力时手的动作非常关键。要实拳,不要空拳。另外,手腿要配合好,一般情况下手与腿的方向是一致的,如图 5-12。

右冲拳(掩手肱拳)　　　栽拳(击地捶)　　　上冲拳(猿猴献果)

双冲拳(当头炮)

里合拳(肘底盘拳)

右推掌(懒扎衣)

前穿掌(白蛇吐信)

掌下切(斩手)

撩掌(斩手)

按掌(拗步)

图 5-12 手的动作

12. 头

头部要虚领顶劲,颈部尽量往后靠,头部才会立起来。眼要平视前方,舌要抵上腭,切忌低头、昂头、歪头、晃头等。虚领顶劲,是太极拳的纲,提纲挈领带全身,其意义很重要。项要直但不可硬挺,要灵活,如图5-13。

立身中正

中正体松

图 5-13 头的动作

13. 眼

眼要平视前方,练拳过程中眼跟手移动,要有精气神,不要低头向下看。

14. 耳、鼻、口

常说耳听八方,耳朵上有很多穴位,是保证气血运行通畅很重要的器官。

练拳一般用鼻呼吸,以自然为主,不要刻意用力去呼或吸。口轻闭,舌抵上颚,面部神态自若,要从容不迫,不要拧眉瞪眼,也不能松松散散,或矫揉造作,故忌绷嘴、张口、吐舌、咬牙等。

扫一扫二维码

(王凤仙:关节活动操)

5.2 习练太极拳的方法

  我们在进行太极拳运动时一定要静心用意,而且要呼吸自然。也就是在练拳的过程中要求我们的思想安静与集中,需要专心地去引导动作,在呼吸上要平稳,而且深匀自然,绝对不可以勉强憋气。另外,还要中正安舒且柔和缓慢。就是说我们的身体要保持舒松且自然,要做到不偏不倚,在动作上要如行云流水般轻柔且匀缓。同时动作还要呈现弧形,且要圆活完整。这就是说我们的动作需要呈现出一种弧形式或者是螺旋形,对其的转换要圆活且不滞,而且要以腰为轴,进行上下相随,使我们的周身形成一个整体。还有连贯协调且虚实分明,我们的动作一定要连绵不断,而且衔接和顺,处处都要分清虚实,我们的重心必须要保持稳定。另外,还要轻灵沉着且刚柔相济。我们的每一个武术动作都必须轻灵沉着,且不浮不僵,同时外柔内刚,在发劲方面要完整,且富有弹性,绝对不可以使用拙力。

  在太极拳训练的要领方面,要虚领顶劲,也就是头颈要似向上提升,而且还要保持正直,做到松而不僵,还要能够转动。含胸拔背且沉肩垂肘,这就是说我们的胸要含而不可以挺,我们的肩不可以耸而是要沉,肘不可以抬而是要下垂,我们的全身要保持一种自然且放松的状态。另外,还要手眼相应,我们要以腰为轴,在移步时似猫行,要分清虚实,这就要求我们在打拳时要上下呼应,做到融为一体,在动作上要出于意,发于腰且动于手,眼要随着手转,我们的两个下肢弓步与虚步要分清且交替,在练到腿上时有劲,在轻移慢放时要做到没有声音。同时,我们还要做到动中求静,追求动静结合。这就要求我们的肢体动但是脑子静,我们的思想必须要集中于我们的打拳上。同时还要式式均匀且连绵不断。我们的每一式动作都要快慢均匀,在各式之间还要连绵不断,我们全身的各部位肌肉都要舒松协调且紧密衔接。我们练习太极拳运动时还需要有意地运用我们的腹式呼吸方法,从而加大我们的呼吸深度,改善我们的呼吸机能以及血液循环。对于太极拳武术的训练是一个必须要循序渐进的运动过程,我们必须持之以恒,而且在练习时我们应该先多加观摩,再进行相互的学习与交流最终达到强身健体的作用与效果。

5.3 习练太极拳的要求

太极拳是一项具有悠久历史的、科学的、实用的体育项目。它的连绵不断、刚柔相济、气血通畅的特点对我们的身体大有帮助。长期习练,对慢性病有很大的治疗作用,有助于恢复体力,促进疾病痊愈。

1. 总体要求

习练太极拳,首先要弄清"身、心、理、气、意、志、情、景、神、学、思、恒、决"这几个字的含义。

身。身体必以端正为本,虽有时倚斜,而倚斜之中自寓中正,不可徒以表面观之而失其大中至正之法。

心。心为一身之主,心一动则官骸听命。练拳时平心静气,则上体自然灵动,下体自然稳重,任天机之往来,运吾身之阖辟,俨然使太极元气周流无间。

理。练拳贵先讲理,顺其性则自然,行其势则当然,合乎人心则同然,而深究其势则所以然,不要使心有茫然。

气。练拳者运动身体,要不滞不息、不乖不拂、不偏不倚、无过不及,是用中气。

意。练拳之先贵诚其意,心正则意之所发者皆正,四肢的运行也正。如人心平气和,说话则和顺可听,此意是由和而发出的。

志。志者,心之所指也,意念一发,而志即随其意的所往而往矣。练拳贵在志,尤其是致志。常言:有志者事竟成,贵有志。

情。拳无情致如泥塑木偶,全无景致,没有意趣。情所发时如文有声情,铿锵可听,打拳者不可不留心。

景。心无妙趣,打拳决打不出好景致。景不离乎情,情不离乎理,相互影响。打拳时,开合擒纵,屈伸往来,一片神行,曲折如画,这叫景。

神。人的精神,虽存在于官骸之中,充足时则溢于官骸之外,心手眼居多,凡事心手眼俱到,则有神,无神则形如枯架,打拳时,眼不可斜视,必随左右手来移动。另外,打拳时上下左右眼都得照顾到,定能凝神,心手眼一齐俱到,会觉得奕奕有神,练拳者应该细心体会。

学。常言"学无止境"。练拳也如此,练拳不外乎虚实开合之理,抑扬顿挫之势,定能百倍其功,虽柔必强。孔子曰:"我学不厌。"人练拳,只有学而不厌才行!

思。学而不思则罔,练拳时应先由浅入深,由近及远,思其当然,并思其所以然,不能明晰时,或问老师,或访朋友,则新思考后将明白。曾子作《大学》时乃曰:致知在格物,思固不废导学,学亦不能废乎思也,此学思不可以偏废,浅言之,凡学者,当用心学之,不可忽略。

恒。天地之道,惟有一"恒"字可以成事。恒,持久也。学拳贵在恒,只有持之以恒,时习勤勉,才能使身心健康,全身贯通。

决。决心。拿定主意,一直坚持,心不回惑,加上恒久工夫,则万事皆可以成,何况练太极拳呢?学拳贵在决心。

2. 习练法则

(1)动静双修

练太极拳是动与静的完美结合,练套路时是运动,意念的活动可形象地称为静;技击动作为动,站浑圆桩意守为静。动与静的结合构成了太极拳运动的两个方面,缺一不可。

常说"百练不如一站"。站桩是太极拳中较独特的练习方式。通过特殊的静态练习,使形体放松、神意安然、内气顺畅。站桩是基础,就像盖房时地基是基础一样,一定要把基础打好,根基扎牢。因此,习练站桩是每天必须要练的,增加腿部力量,强化入静习练,慢慢地就会脚上生根,动作平稳。

(2)虚领顶劲

又作"虚灵顶劲"。李雅轩论:"虚灵顶劲者,是身势端正稳静舒适之后,虚灵之气自然上升之谓。非头部翚力上顶之悦耳。如翚力上顶,则有挺硬性而无虚灵劲,乃为太极功夫之最忌者也。"

虚领顶劲的具体要求为:百会穴略向上领,就好像头顶着一气球,一根红绒一直在牵着。颈部尽量后靠,紧贴衣领。肩向下沉,有往下坠之感,下颌稍微收。两脚五指抓地,就像一个碗扣在地面上,碗边沿挨着地,里边空起,脚的涌泉穴要空起,接地气,有入地三尺的感觉。练拳时一定要按照这个要领做。

(3)含胸拔背

主要指胸部稍含,两肩稍往里扣,使胸部肌肉得到充分放松。"拔背"主要指背部肌肉松开,使脊骨有上领的意思,从而保持身体中轴的顺畅。

(4)沉肩坠肘

沉肩主要是指习练太极拳时肩不要向上提,这样动作不舒展,气不容易走顺。肘关节向下坠,好像一根绳子向下坠一样,这样手臂就不会感到紧张,气容易顺到手指末梢处,使气息平稳运行,肢体动作圆活。

《太极拳论》说:"打拳运动全在手领,转关全在松肩,功久则肩之骨缝自开,不能勉强,左右肩松不下则转关不灵。""胳膊如在肩上挂着一般。""两肘当沉下,不沉则肩上扬,不适于用。"讲的都是沉肩坠肘的基本要领。

(5) 虚实分明

虚指意念、劲力空无不着处,实指意念、劲力运转的主导方面在具体的某类因素中。主要指身体重心的虚与实,重心偏向哪边,哪边为实,另一边为虚,如懒扎衣是右实左虚,单鞭是左实右虚,虚实由动作来定。虚实转化要灵活,动作不要非常僵硬、呆板,要润滑、自然、轻灵。

《虚实诀》曰:"虚虚实实神会中,虚实实虚手行功。练拳不谙虚实理,枉费功夫终无成。虚守实发掌中窍,中实不发艺难精。虚实自有实虚在,实实虚虚攻不空。"

(6) 无过不及,随曲就伸

主要是说要把握住"度"和"中",保持最适度的状态。在习练过程中,要把握动静、虚实、松沉,要保持动作的协调性和平衡性。动作不要散、不要过、不要泄,更不能"瘪",一句话要守"中"。"随曲就伸"就是顺应人体的自然规律。

(7) 呼吸自然

行拳过程中的呼吸应以人的生理活动规律为基础,以自然流畅、平和顺随为原则,不应出现强制性的呼吸节奏和方式。太极拳论中解释:"吸为合为蓄,呼为开为发。盖吸则自然提得起,亦拿得人起;呼则自然沉得下,亦放得人出。此是以意运气,非以力使气,即呼吸之道也。"可见它与养生、技击密切相关。基本要领为细、匀、深、长,即绵绵柔和,均匀从容,深及脏腑,连贯不断。

(8) 方圆相生

太极拳练习外形处处有圆,柔和连贯,但圆中要体现方,圆中有直,柔中含刚。在发劲、击打中,是直线出击,刚猛有力。在过程中多为圆,在技击结果时为直,方圆相生。

(9) 节节贯穿

太极拳练习法要,其有多重含义:从整体上讲,指阴阳应和,阴中有阳,阳中有阴,谓之"阴阳贯穿";指身体上下相随,处处相应,称为"节节贯穿";指行拳变化自然、流畅,势势如一,实中有虚,虚中有实,开合有度,称为"式式贯穿"。

(10) 科学性

我们训练太极拳时必须要注意我们人体在骨骼结构方面的特点,严格地按照其训练的步骤来进行,特别是对于太极拳拳架方面的训练,一定要遵循其架势的正确性,例如,我们在架势步法上的高低、对于屈膝的角度、在腰部上的松塌程度以及圆裆的要求等诸多方面。如果我们在训练太极拳时架势不正确,或者角度过大,又或者是腰部出现长期内挺,那么我们在长期重复这个动作之后就容易造成我们在软骨以及腰脊方面的损伤。

(11)遵循阴阳学说

太极拳武术运动方面的阴阳学说是辨证的,也是我们的立拳之本。我们世间的万物都能够用阴阳学说来加以解释。例如,在太极拳运动当中的开、合、吐、纳以及进、退等,这些都是遵循了阴阳学说的。我们只有掌握了太极拳运动中的阴阳学说的规律,在练习太极拳的过程当中才可以掌握到太极拳运动在招数变化方面的规律。同时,深入地了解我们人体在经络方面的走向,还有助于我们对于意念的运用,太极拳这项武术运动实际上也是我们大脑意识的运动,在太极拳训练中注重用意而不用力,要用意念来支配我们肢体的运动,用肢体的运动来促进我们血液的运行。另外,血液的健康运行,不仅输送着我们人体所必需的营养物质,而且还能够排除垃圾与毒素。因此,长期进行太极拳运动的锻炼,有利于我们达到健身的目的。可是太极拳运动的意念练习是很难的,我们一定要在松静的基础之上,去慢慢地体会其中的奥妙。

扫一扫二维码

(王凤仙:太极拳练习基本原则)

3. 习练技巧

(1)要善于科学地运用圆弧的运动所产生的离心力与向心力

太极拳武术的圆弧运动当中所产生离心力与向心力,其实就是我们所说的缠丝劲。在物理学中,圆弧运动所产生的离心力尽管在太极拳武术运动当中没有得到具体的表现,可是单单是在自行车轮胎的运转当中就可以明确地体现出来,在圆弧的运动当中,一个强大的力可以被转化成为一个弱小的力,同时沿着离心力的切线方向进行运动。单以一个直面打来的太极拳来说,我们可以用我们的右手掤出,然后顺着这个力的运动方向来进行化拨,那么对手就会很容易被我们化出,这就是我们所说的离心力的作用与运用。练习太极拳武术运动就是要充分地利用这个离心力,以微小的力量去化解掉来自对手的强大力量,这也是我们通常所说的缠丝劲的利用。所谓的"四两拨千斤"就是利用在圆弧运动中所产生的离心力去化解掉来自对手的千斤力。另外,向心力的运动与离心力正好相反,太极拳武术运动当中所利用的合力的表现其实就是我们运用向心力的一种表现。对它的运用简单来说其实就是对于太极拳合力方面的运用。

(2) 要善于科学地运用我们肢体旋转所产生出来的螺旋力

我们肢体内部的旋转会形成一种螺旋力,这种螺旋力就好像螺丝在旋转时所产生出来的力,其实也就是离心力与向心力两者的综合。这种螺旋力不仅仅只表现在我们的上肢上,同时还表现在我们的下肢以及腰部上。另外,我们腿部产生的螺旋力所发挥出来的作用也是十分强大的。同时,腰部所产生的螺旋力支撑着我们整个躯体,这是极其关键的。不管我们的身体如何运动,我们的上身都必须要保持其脊椎方面的上下垂直,这也就是说我们身体的运动一定要保持其腰部在垂直上的螺旋运动。我们对于螺旋力的科学合理应用对于太极拳武术运动的技击会增加其无穷的力量。

5.4 习练太极拳的注意事项

习练太极拳和其他运动项目一样,一定要科学合理,符合运动规律,否则不但健不了身,还会有损身体健康。因此,练太极拳一定要注意以下几点:

1. 姿势正确

太极拳习练过程中一定要注意姿势的规范,做到虚灵顶劲、虚实分明、尾闾中正等。如果动作不规范,不仅会影响技术的发挥,还会影响体悟内在的感觉。要注意整个套路保持松静自然,姿势端正。

2. 动作规范

规范动作是练好太极拳的前提,要按照动作的要求去练,尽量避免过度。习练中要做到起点准确,运行路线清晰,动作连贯,上下相随,身法自如。

3. 周身放松

太极拳虽说不用力但是并非完全不用力,一定要做到松而不软。例如,两掌推出去手指是弯的,这就是软。太极拳的松指的是胯以上放松,对于脚还是要用力的,此力来自于腰,是用腰发力然后传至周身。

4. 量要适度

运动量一定要适度,既不要过大,也不要过小。过度的运动量会导致身体不适应,动作容易走样。正常情况下,习练时感觉身体很轻灵,动作灵活,心情舒畅为宜。

5. 专业指导

习练太极拳时一定要在专业人员指导下学拳,如社会体育指导员、太极拳教练等,包括较为重要的调架、正架及定架等,以及纠正动作,指导呼吸、意念及体悟内在感觉,体会用意不用力等这些知识,都需要专业人员指导,否则容易适得其反。

6. 因人、因时而异

练习者应该根据自己的年龄、体质情况、时间、地点来决定练习内容、动作架势的高低和动作幅度的大小。年龄适当和体质较好的人可尽可能把动作做得能高即高、能低即低,动作幅度也要符合常规要求。年龄较大和体质较弱的人可适当降低标准,但一定要注意动作的正确性。另外,为了防病、治病、健身,练习者可以根据自己的情况选择一些单独的动作架势来练习。

7. 劲力方法要正确

方法正确,才能达到健身的目的。要求要节节贯穿,周身一体,这样可以使全身的血液循环加快,促进微循环代谢,达到健身的效果。习练太极拳时常会出汗,但不会气喘吁吁。这就是微循环代谢加快并通过汗液把代谢物排出体外的结果。

8. 注重太极拳理论学习

常说:理论联系实践,理论指导实践。只有在理论的框架下,才能进一步提高太极拳的技术水平,起到事半功倍的效果。同样,实践充实理论,两者相辅相成、互相促进,缺一不可。

扫一扫二维码

(王凤仙:如何练好太极拳)

5.5 太极拳习练中"力"的运道

常言太极拳是"绵里藏针""力发于根,主宰于腰,形于手指"等,这些都是讲述太极拳"力"的运道。任何一个力学过程,从力的产生到传递都有一定的章法可循,力是否科学传递将直接影响其作用效果。因此,太极拳练习中"力"是很重要的,要科学把握。

1. 慢练为养,快练为伤

练太极拳,人们常常有这样的认识,认为它一味地刚猛、暴烈,单纯讲究发力。在练习时,刻意追求发力、震脚。这样长久的练习会造成气血不畅,关节损伤,适得其反。练习太极拳的原则应该是"慢练为养,快练为伤;柔练为养,刚练为伤;舒展大方,圆活运动;气沉丹田,培养浑圆之气"。因此,练太极拳时要合理把握度。

2. 蓄劲如张弓,发劲如放箭

太极拳的劲力为内功,一要外无形,二要圆满充沛,如弓张满。发劲时要准确、迅速,从丹田发力。习练时要体会"速度"的重要性,蹬地、拧腰、扣裆、转胯、顺肩、发力要一气呵成,中间不要停顿、间隔。练习发力可以在专项素质练习中重点练习。

3. 角度

太极拳练习中"角度"对力的运行起着至关重要的作用。太极拳动作中常讲要 15 度、30 度、45 度等,如"金刚捣碓"中左脚铲地要 45 度,这不但利于力的运行,主要对关节也起着很好的保护作用。在"掩手肱拳"动作中,右拳的发力要与左膝平行,在同一方向,这样右腿的蹬地、左肘的后发力、右拳的前发力,三者形成一个整合力,其他人不论是推或拉,都不容易破坏。但如果右拳不与左膝平行,身体将会失去支撑点,稍稍一推或拉,身体就移动了。因此,手、腿与身体的角度要注意,这样不但利于动作的发力,同时也促进了动作要领的把握,一举两得。但也要注意,凡事要灵活,角度的多少也要因人而异,不要摆动角度非得是多少,只是讲究不丢不顶,不能摆得不到位,也不能摆过了。

4. 力的动态平衡

谈到太极拳的发力,很多人会联想到"起于脚,主宰于腰,形于手指"这句古话,对这句话的理解也往往是脚先蹬地,然后将力量通过腿传到腰部,再通过臂部传到手上。太极者阴阳也,事实上阴阳之理蕴含在任何形式的动作中。而太极拳所求的阴阳通常只是限于武术范畴,这是研究传统太极拳的一个前提。那么,在这样一个前提下,太极拳的发力也应当符合阴阳之理。太极拳追求一种动态的平衡,"阴阳互为其要"就是一种体现,我们讲"发力要有根",但并不是说力由脚起就算是有根了,根的作用在发力的整个过程中都应起作用,而并不仅仅作用于一开始。蹬地之后腿的作用就不见了,力被自下而上地"抛"了上去,这时脚下空空如也,哪里还有跟的影子?失去了跟的作用,这种被抛出的力便不是"整力",而是"断力"了,是不能够随势而变的,一旦出去便再难控制。在发力时,我们不要仅限于弹抖力,当将阴阳劲儿作用于对方时,都在此范围内。所谓"阴阳劲儿"指的就是互为其根的力。①

提醒一下,练太极拳时,要求刚柔相济,对初学者来讲,不适宜在盘架中有发力的动作。因为初学者对拳法演练还没有深入的认识,例如,对身体刚柔的转换、意念的调节、气血的运行、拳法的结构等方面都没有认识,盲目地发力不仅达不到太极拳的要求,反而容易养成不良的习惯,发力首先要具备有力,有力才可以发力,这种力不是后天的拙力,而是用于搏击中的一种活力。发力时决不可两手抖来抖去,好像劲力很大,实际不然。因此,发力一定要从实践的角度出发,基础打牢了,脚上有根了,时间久了,自然力就顺了,不要去刻意。

5.6 太极拳习练中容易出现的拳病

1. 顶

顶主要是劲力运用单调,以刚对刚,不能发挥"引进落空"的太极拳技术特点。

2. 顶劲

顶劲是太极拳推手时易犯的错误。主要是双方以硬力相抗,丧失太极拳轻灵、圆巧的运劲特点。产生这一错误的基本原因是拳架功夫没有打好,缺乏锻炼,对太极劲体会不深。

3. 顶牛

顶牛是一种不正确的用力方法。推手双方违背太极拳"以柔克刚""引进落空"的技击原则,以硬力相抗,缺乏变化,丧失灵活,向为拳家大忌。因状如蛮牛相顶,故叫顶牛。

4. 丢顶

丢顶是练拳时头、颈、脊、腰等脱节,没有达到自然的吻合。练拳时应不丢不顶,不脱离,不硬抗,粘住随之,舍己从人。

5. 杂念

练太极拳时神意不能完全集中,心存杂念,意念与拳式的配合不够协调,不断产生纷杂的意识干扰,做不到心静体松。

6. 翻臀

翻臀指臀部外凸,是太极拳练习中易出现的现象。

7. 浮

浮为太极拳练习常见病之一。表现为劲力单薄、下肢飘摇、内气憋胸,久之

---

① 王凤仙、何磊:《论陈氏太极拳精要十八式中的发力》,《教育教学论坛》2014年第25期。

易损体伤力,名为拳病。基本原因在于练拳时心不静,动作不到位,或肩、胯等关节没有放松等。

8. 滑拳

滑拳指在练拳中过于拖浮。太极拳论曰:"只圆无方是滑拳。"

9. 僵劲

僵劲指练拳未纯熟之时,劲力转换不灵,不畅,婉转性不够,只停留在形的阶段。形与意也不能完全相合。练太极拳应逐步去掉僵劲。

10. 撅臀

撅臀是指红练拳时臀部过分后耸,造成劲力不畅。

11. 憋气

憋气主要是违反呼吸自然原则,过分注重呼吸或动作僵硬造成气息淤积在体内,造成憋气。练拳时应口腹均匀,平缓呼吸。

12. 十练九伤

由于违反生命自然规律,一味强练、硬练,不注意阴阳调和,不注意练养结合造成对身体的伤害。心不平伤其气,气不顺则伤其血,血不畅则伤其形,形不正则伤其心,皆因过分强为所致。练拳要讲究科学,不可急于求成,应自然而为,四肢腰腿不可起强劲。

13. 提肚

提肚是指练拳时肚子过分向里收,腹部不难松,气不能下沉。腰部也难以灵活,做不到以腰为轴。

第 6 章
Chapter 6

太极拳习练体悟

我们在多年练拳、教拳及查阅太极拳相关书籍、观看视频、与同行之间的沟通交流等过程中,发现有些初学者由于没有得到正确引导出现了诸多弊病,使身体不适,事与愿违。根据多年的经验及体悟,借助太极拳网站上的相关内容,我们试图从身形、内在、习练益处等几方面展开阐述,以期助力太极拳爱好者更好地习练和提升水平。

6.1 身体外形习练体悟

6.1.1 身形要求

习练太极拳时,要注意按身体各部位的要求去做,科学锻炼,益于健康。头要保持"虚领顶劲",有上悬意念,不可歪斜摇摆,嘴要轻闭,舌抵上腭。颈要自然竖直,转动灵活,不可紧张。肩要平正松沉,不可上耸、前扣或后张。肘要自然弯曲沉坠,防止僵直或上扬。肘尖的对抻,也不是用拙力,而是有弹性的胸口像气球。腕要下沉"塌腕",劲力贯注,不可松软。胸要舒松微含,不可外挺或故意内缩。背要舒展伸拔,称为"拔背",不可弓驼。腰要向下松沉,旋转灵活,不可前弓或后挺。脊要中正竖直,保持身形端正自然。臀要向内微敛,不可外突,称为"溜臀""敛臀"。胯要松正含缩,使劲力贯注下肢,不可歪扭、前挺。腿要稳健扎实,弯曲适度,转旋轻灵,移动平稳,膝部松活自然,脚掌虚实分明。裆要两膝关节时刻对脚尖的方向,没有必要去故意绷劲。太极拳讲究"有意放松,无意成刚",能松下来,就能沉下来气,就能把力量发出去,放松就是力量。"沉重不浮,静如山岳,周流不息,动若江河",只有在放松修炼的前提下,才会有此感觉。

6.1.2 太极拳中的"抻"

"抻"有抻展、抻开、对拔、拉长的意思。太极拳习练中,"抻"会出现在每一个动作中,贯穿套路始终。有了抻劲,打出拳来气势浑厚、饱满、连绵不断,就像给整套拳注入了灵魂一般。在这里需要强调的是,抻肘尖并不是用拙力,更不是架起肘尖。一切都是在松沉之中完成。在最初习练时,免不了会使僵劲,也不必介意。套路练习本身就是一个去僵求柔的过程。时间长了,慢慢就会品出滋味。

6.2 身体内在习练体悟

6.2.1 关于"松"

松是指修为的方法,是身心于规矩之中的自然放松,目的就是要消除拙力、去掉僵劲。要想松就要按照规矩用劲,以意贯穿于动作过程之中。练拳时松,关节是开启的,肌肉软组织是舒展的,皮肤的毛孔是随呼吸和动作的开展而开放的,精神是安逸的。有些人练松不成反变为懈,懈时关节是闭合的,肌肉软组织是萎缩的。皮肤腠理(腠理一词源于传统中医,指皮肤的纹理和皮下肌肉之间的空隙)紧张,精神萎靡不振。懈是人之自然本能,其表现是上下瘫成一堆。腰懈则身瘫,胯懈则身倾,膝懈则立不定。做到松而不懈,这是练功的关键。练松并不是一点力气都不用。试想如果连一点力气都不用了,还能走架和推手吗?练太极拳时身体的放松,实质上是在意识的控制下尽量少用拙力。在动作过程中,如果只用一分的力量就够的话,就决不用一分半的力量,这就是太极拳巧劲省力的学问。放松其实只是一种通向高功夫、高境界的方法和途径,并非最终目的,而是达到目的的必要手段。那么练太极拳的最终目的是什么呢?简单地说,就是在松的过程中不断壮大内气和不断增长灵性,通过放松结合其他多方面的训练,锻炼出一种刚柔相济、轻沉兼备、松活弹抖的螺旋式的整体劲。要想练好太极拳,就必须深刻理解放松用意的重要性,要体悟"松为太极拳术之灵魂"这句话精髓所在。

如何做到放松?放松分为内松和外松两种,内松指的是心松,外松指的是身松。在练拳初始,我们就要让心进入练功状态,抛开杂念,让大脑专注到练拳上来。尽量做到视而不见、充耳不闻,通过练拳慢慢让大脑处于一种半睡半醒的休眠状态。内松以后,具体可以表现为眉头舒展,面部肌肉松弛,嘴巴似开非开,舌尖轻抵上颚,牙齿轻合,呼吸缓慢而均匀。"虚领顶劲"讲得好,头部是虚虚领起,充满灵气,而不是硬往上顶。脖子后面也是在竖颈的轻松状态下完成顶颈,而不是故意将下巴向内收,造成脖子僵硬。"沉肩坠肘、松腰胯"都是自然下垂,不要拿捏架子就可以了。杨振铎老师常说"松,不是软","抻、空、搜、连、带"就是让你把身体各部位有机地连贯起来,其中起连贯作用的就是劲感。有了这个贯串,才会逐渐找到"运劲如抽丝"的内在东西。让你肢体放松,不是瘫软无力,而是骨骼竖立,肌肉放松,形成一个上下的对拔。

为什么强调初练太极拳一定要放松?一是练习时能量消耗很多,血液循环和新陈代谢加快,只有舒松自然,使更多的毛细血管松开,血液循环才会畅通无阻。特别是下肢静脉回流心脏的血液,主要就是依靠肌肉的张弛及关节伸屈而产生的有节律的挤压作用而完成的。而太极拳注重的放松练习,再加上运动多走弧线,肢体螺旋形拧转进退,对于促进静脉血液的回流,加快血液循环十分有利。因此初练时一定要注重放松。

二是为了拉伸筋骨。《太极拳论》云:"远打一丈不为远,近打只在一寸间。"练习时要想打一丈,筋骨肌肉不放长不行,若想近打一寸之间,骨节不活络不中。常听说:宁练筋长一分,不练肉厚一寸。只有在放松放长基础上才能产生弹性。

6.2.2 逆腹式呼吸

腹式呼吸是太极拳拳式动作操练要领之一。拳式的动作与呼吸的配合,是太极拳从古代"吐纳"和"导引"养生术中汲取的营养。腹式呼吸分为两种。吸气时,小腹凸起外鼓,呼气时,小腹凹进内收,这种叫顺腹式呼吸。吸气时,小腹凹进内收;呼气时,小腹凸起外鼓,这种叫逆腹式呼吸。

顺腹式呼吸,适合根据"开"(伸展肢体)吸"合"(收缩肢体)呼的人体运动规律,可调节人体的生理功能状态。可是,太极拳虽然讲究养生保健之法在拳式操练中的运用,但是它的本质是武术。武术,就要讲究技击实用,而技击实战的拳式动作,就离不开"劲力"(进攻和防守时,拳架中的能量)。因此,太极拳中的腹式呼吸是根据拳式动作"蓄劲"和"发劲"的变化规律来运用操练的。

太极拳作为内家拳派,在拳式的演练过程中,特别重视"气与力合"(太极拳论中的"六合"之一)的动作要领。在拳式的攻防变化中,"气"(呼吸之气、元气)是动作能量的物质基础,"劲"是动作能量的释放。在太极拳套路的演练过程中,当拳式动作"蓄劲"时,小腹微微凹进内收,同时,用鼻轻缓地吸气;当拳式动作"发劲"时,小腹微微凸起外鼓,同时,用鼻悠长地呼气。这种逆腹式呼吸法在太极拳拳式动作中的运用,使王宗岳在《太极拳论》中说的"气沉丹田"的拳论要领得到了充分的运用。

这里就要说说"丹田"。在医学中没有丹田的穴位,古人常讲有上丹田、中丹田、下丹田。逆腹式呼吸指下丹田——气海穴,肚脐下三寸为丹田,也正是以肚脐为中心的下腹部的中间,肚脐古称黄庭,属五行之中"土",肚脐后两侧为肾,肾是发气之源。太极拳以腰为主宰,逆腹式呼吸是以肚脐(黄庭)为中心,将肾产生的气沉于丹田,通过意念呼吸在肚脐(黄庭)周围(上腹部、下腹部)运转、滚动,这就是太极拳练到一定水平时的"丹田内转"。

在学习太极拳套路时,暂不要去想丹田呼吸,更不要去配合动作,先自然顺腹势呼吸,当你动作连贯熟练正确后,再去想逆腹式呼吸,开始先做到定势时呼,下沉时呼,发劲时呼,慢慢地自然而然就可以将丹田之气配合于套路之中。

陈式太极拳是最古老的传统功夫拳,风格独特,有刚有柔,有快有慢,有直有圆,有窜有跳,变化莫测,要想配合丹田逆腹式呼吸法,需要下一番功夫。掌握它的节奏、韵律,在老师的指导下去灵活运用。拳论讲"快则快进,慢则慢随"达到拳法自然,当套路动作正确熟练后,在练习中思想上一定心境宽阔,平心静气,专一演练进入有人当无人的境界,就不会出现"横气填胸"的现象。

6.2.3 练拳的三种心境

1. 心静

"心为令,气为旗。"心为一身之主,肾为性命之源。心静,即要求练拳时思想上尽量排除思虑杂念的干扰,无论动作简单或复杂,姿势高或低,心理上始终保持安静状态,不可心浮气躁,要把练拳和修心结合起来,全神贯注于拳式当中。要注意身虽动,心贵静,要神舒体静,心静则会百病消除。

2. 体松

体松指周身协调,全身的肌肉关节、韧带和五脏都处于自然舒展状态。动作要求缓慢柔和,连绵不断,就像画圆一样,首尾相接,没有断点,动作与动作衔接融洽,行云流水。全身放松,保持内外处于自然状态。练拳时做不到松,会出现身体僵硬、紧张、不到位等情况,有时还会容易出现损伤。

3. 留余

留余即什么事都不要做绝,得饶人处且饶人,适可而止。拳理常说:"不丢不顶""无过不及,随曲就伸"等,要求习练时,双臂、两腿均不得挺直,过直则等于不给自己留余地,致"力"于僵化状态,虚与实的变化上就不能骤然表达,甚至受制于人,如"掩手肱拳"动作,出拳时只打八九分,留上一二分,使自己不至于用力太过而失重,也给自己留一点变化的余地。

6.2.4 养气与练气

"养"即涵养培养,"练"即锻炼运使。一是在于精神方面,二是在于体魄方面。养气是以道为归宿,以义为宗法。练气是以运使为效,以呼吸为功,以柔而刚为宗旨。练气是为了养气,因而在内家拳中,练气尤为重要。内家的养气、练气目的就是为了强化和提高人体的中气(元气),既固本养元。

自然深呼吸对身体很有好处。练太极拳能使呼吸自然、细长、慢均。这种有节奏的呼吸可使横膈肌和胸腹运动增强,相对有效地加大肺部气体的交换容量,使新陈代谢加快、加强。大家都知道肠胃蠕动加强能够提高消化系统功能,对防治消化不良、慢性肠炎等慢性疾病效果良好,膈肌活动范围增大,使胸部呼吸肌和横膈肌力量增强,可加速静脉血液的回流,改善心脏本身的血液循环。膈肌活动范围的增大,还能对内脏起到一种自然的按摩作用。所以,太极拳中自然的深呼吸法对防治一些神经衰弱、高血压、心脏病、关节炎及消化系统疾病都有较好的作用。

6.2.5 练好太极拳的要诀

1. 三个要诀

上悬、中松、下沉。上悬就是顶头悬、虚领顶劲,收下颚。中松就是肩膀以下的上半身尽量放松,不出拙力。下沉就是尾闾下沉,松腰胯。

以腰胯带动四肢。练太极拳时,手脚的发劲是由腰胯主导操控,所出的劲道也是全身整体的弹簧劲,不是由手或脚单个发出的。长期坚持习练腰胯,就会出现胸腰折迭劲,身体的螺旋劲或缠丝劲,不必要刻意去练或去求。

双脚的虚实要分清。练太极拳时,要注意虚实分清,这是很重要的。我们知道,虚脚松沉到脚底,内气就会在虚脚转变为实脚时,由涌泉穴发挥变能作用,转变为劲往上长,也就是双脚虚实分清可将气转变为劲,这是很重要的。

2. 髋关节的运用

习练太极拳还要注意髋关节的运用。髋关节由股骨和骨盆共同组成,股骨头位于髋臼内,股骨连接膝关节,连接胫腓骨到脚,形成我们的下肢。

髋关节的结构要求我们练拳时要采用后开前合、圆裆泛臀的身体形态。即股骨头内旋,加大髋关节活动幅度,由于股骨头连接膝关节和两脚,所以膝关节也不可外撑,两脚不可外八字,要求足尖微内合,要求摆正、放平行。但不要夹裆和形成"人"字裆。例如,我们观察猫、狗、老虎等动物时,它们在奔跑和运动中都是身体前合、臀部泛起、后腿用力。再例如，我们人类平时在快速奔跑或搬运重物时，也都是这样的形态。因为这样的体态最舒服、最自然，所以才能用上力。

如果我们不这样做，练拳时两脚外八字，向外撇，因为脚连接膝盖，造成膝盖外撑，膝盖影响股骨外翻，使股骨头外撑，则髋关节运动不便，做旋转时只有依靠膝关节，但膝关节又不能旋转，故经常造成膝关节疼痛。

因此，我们平时练拳时，一定要研究一下人体解剖学，按照人体的结构训练才不会受伤。

3. 注意 10 个要领

（1）动中求静。要全身放松，注意力集中，排除杂念。

（2）含胸拔背。胸微内含，动作伸展。

（3）内外相合。即肌体配合协调，动作连贯，而且要做到意识、动作和呼吸相结合。

（4）上下相随。要求协调一致，一动无有不动。

（5）沉肩垂肘。肩肘自然下垂，以免气往上提。

（6）用意不用力。要全身放松，以意念引导动作。

（7）分虚实。腿部动作要虚实分明，避免重心同时落在双腿上，出现"双重"现象。

（8）松腰。腰是主宰，连接各关节的活动，腰部放松有利于腿部的稳定性和腰部的灵活性。

（9）相连不断。动作要求连贯、圆活、连绵不断，一气呵成。

（10）虚灵顶颈。头部自然上顶不要东斜西歪或自由摇摆。

6.2.6 习练太极拳时做到"外三合"中的"肩与胯合"

习练太极拳的人都知道，练拳讲究"内三合"与"外三合"，而"外三合"中的"肩与胯合"尤为重要，正所谓"根节不明力无源"，无此便谈不上中节和稍节了。但是许多人练了很多年也不知道这"肩与胯合"应作何解释？大多仅仅只停留在"上下照应"这个字面上。

首先，习练者要明白，太极拳要求的是一种轴性灵活，通过长期松沉盘架，自然会得到轴性灵活。我们把人体的两个肩（肩井穴）和两个胯（环跳穴）抽象成四个点，把这四个点按顺序连接起来，便构成了一个长方形，这个平面会因我们在转身时发生扭曲。我们要做的是，尽量减少这个平面的扭曲程度。太极拳要求"腰胯一体"，即"言腰必言胯，转腰必转胯"，而这也正好为这个几何模型提供了理论根据。

这样做有什么道理呢？我们可以这样试一下：当我们向右转腰时，尽量保持腰以下的部位不动，慢慢地右转，你会感觉你的左胯变得越来越死、越来越不灵活了，呼吸也受到了影响；好，现在在放松腰以下的部位，让你的左胯跟上你的左肩，同时松掉左胯，怎么样？不仅身子正了，呼吸顺遂了，而且还获得了更大的转动空间！这时如果有力量施加于你的右胸，你这么一找肩、一松胯，力量自然就被化掉了。

其次，我们的肩和胯在力学方面存在着一种天然的"照应"（骨骼和肌肉共同作用的结果），即"肩与胯的状态总是趋于一致"，而这种照应在后天的劳动中被淡化了。太极拳的训练会逐渐恢复这种天然的照应，使之步调一致，一致又体现出协调，不论是运化还是发力，都会产生极大的效果，从而产生特有的"太极劲"。

做到了两肩、两胯的放松和照应，转换自然迅速，上下自然相随，这正是"上下相随人难侵"，太极功夫定会取得长足的进步！

6.2.7 习练太极拳如何避免伤膝盖

练习太极拳无病健身，有病康体，然而却有不少拳友在太极拳的习练中，出现了不同程度的膝关节疼痛现象。许多人误以为是练太极拳练伤了膝关节，这是对太极拳极大的误会。

图 6-1　正确的站桩

练太极拳怎么会引起膝关节疼痛呢？其实，这往往和练习不得法有关系，因而我们常常强调习练要科学。在定式时，膝关节要有微向里扣之意，两膝前后（或左右）互相呼应，配合胯跟撑开撑圆，把裆劲合住，这叫合中寓开，使得下体沉着有力，裆部也能保护得住。前足弓出踏实时，膝尖不可超出脚尖，以免失去平稳，也不宜与小腿成垂直线，这样会影响到下一动作的灵活性。因此，凡前足弓出,膝关节应略向前伸出垂直线,而以不超出脚尖为度,这样才能防止膝关节损伤,如图 6-1 和 6-2。

上体前倾　　　　　　上体后仰

图 6-2　错误的站桩

6.2.8　关于缠丝劲与螺旋劲

缠丝劲是指柔化缠绕的劲路,如擒拿的小缠丝,太极拳的反转缠进、柔化搭绕。螺旋劲是指呈弧线或螺旋状的运行轨迹的劲路,广义来说含柔化搭绕的劲路。丝是很细小的物体,力气大了是不行的,所以要轻、要柔,才能用缠丝劲,淑女缠丝。

一般螺旋劲用力要求不见得是柔化搭绕,可以是短促、快速、刚猛。常见的有硬打硬以及八卦学的翻转外撑一些招法,还有少林长拳的拧腰发力,太极拳的白猿献果等都属于螺旋劲。

太极拳强调缠丝劲,是让人们不用多余的力气,以体会螺旋缠绕开合,内劲布行周身,达到强身防身之目的。正如陈鑫先生所讲"太极拳,缠法也。行中气之法门,不明此理,即不明此拳"。

通过上述比较我们可以得出,缠丝劲和螺旋劲是不同的两个物质、两个劲路。由旋转动作产生的劲力,呈弧线或螺旋状的柔化搭绕是缠丝劲;用大力或刚猛的螺旋力是螺旋劲。

6.2.9　习练时,身体某些部位发抖如何处理

出现发抖的原因有两个:一是由于姿势要领把握不准,出现劳累或意念造成紧张,从而出现发抖。二是这些部位有病,阻塞经络的气血运行,造成"痛则不通",从而气血大量集聚于此,强行通过又不能,就造成发抖现象。

对以上两种情况的处理:第一种发抖不是好现象,应注重克服。要注重练习的规范性、整体性、科学性,在老师指导下进行或自己深刻钻研领悟,只要正

确把握,就能克服发抖现象。第二种发抖是正常的,由于发抖的存在促使气血冲过阻塞,活络筋血,长此下去,就能治好某些病,从而使发抖现象消除。因此,要正确区分发抖原因。出现发抖,待练功完毕后,觉得身体轻松、愉快,则为正常的发抖现象;若出现劳累或动作僵硬,则应注重克服。只有对发抖现象进行具体问题具体分析,对症下药,才是正确的处理方法。

6.2.10 习练太极拳收势后应注重的问题

收势完毕后,应缓慢散步,在此过程中要配合呼吸,同时意守丹田,气定神舒。

经过一段时间锻炼后,身体难免要出汗,此时不可走向风口,应避风休息,慢步而行,待汗下去后,再回住处。练完拳后要保持精神愉快,心情愉快。

此外,要放松上下肢,通过拍打、揉、弹抖等放松方法来缓冲肢体,感觉腿部轻盈舒服。

6.2.11 如何自学太极拳

第一,自学者应有充分的精神预备,要有信心、恒心、毅力。

第二,自学者仔细钻研书中的文字和图解,首先看懂,尽量记熟,可看完一招也可分开来练或边看文字图解边练习。

第三,自学者可借助录音录像设备,录下相关内容,练习时播放,这样可专心进行动作研究,从而学得快。

第四,若两个人同练可互帮互学,也可一个人念文字,另一个做动作,碰到不明白的地方,两人反复推敲、演练,直到弄懂为止。

总之,自学太极拳有一定困难,但不是不能成功的,"世上无难事,只要肯登攀"。只要下功夫,就可以练好太极拳。

6.3 太极拳习练受益体悟

6.3.1 强身健体

1. 治疗失眠

练太极拳可治疗失眠,晚上睡不着,醒来又心烦,看什么都不舒服,这时候不要慌张,到一块清净的地方,慢慢摆动你心中的太极,不要苛求姿势的完美,你可以随心所欲,不要强迫自己用多大的力气,可以适可而止。其实夜晚和清晨是练太极的最佳时刻,在修练中去慢慢体会。切记:太极拳是早练早得益,不要说没有时间,那都是借口,时间就像海绵里的水一样,只要你愿挤,就会有。

2. 驱除杂念

练太极拳可以驱除杂念,在修炼中要放松,不要显摆自己,不要逆心而练,这样有杂念浮出便会被松弛的神经消退。"太极者无心",这是有根据的。

3. 有氧运动

太极拳主要练习阴阳、虚实,讲究阴中有阳、阳中有阴、阴阳互换。要求立身中正,不偏不倚,又贯穿了中庸思想。我们通过每次轻柔、圆缓、连绵不断的打拳,时间在20~60分钟,就会感到浑身舒坦,气血畅通,不仅心跳平稳,而且身体微微出汗。太极拳的这些特点被人们认定是一项有氧运动,受到人们的喜爱。

4. 促进心理健康

习练太极拳要求全身放松、自然,用意念来引领动作。在当今快速的生活节奏下,习练太极拳能使人们心旷神怡、精神饱满,消除身体的疲惫和心理上的压力,心情变得豁然。这种精神面貌不仅能大大提高工作、学习效率,还能给他人带来正能量。太极拳不但讲究灵敏,使人敏感度得到提高,而且还讲究沉稳安静,让人浮躁的心态得到改善。练习太极拳,不仅锻炼身体,而且是一种文化浸润体味,博大精深、内涵丰富的太极精神能提高人的道德和修养,提升练习者的气质。

5. 生理保健作用

太极拳是一种轻灵、舒缓、沉稳的拳术,动作如抽丝般徐缓不躁,又稳又静,迈步如猫行般轻起轻落,起步和落步都要有轻灵的感觉,即所谓一举一动,周身都要轻灵,故有运动如抽丝、迈步如猫行之说。它是以阴阳转换理论做指导,在每一势和每一动中,始终有着阴阳转换,即虚与实的转换,阴阳本身就是一对矛盾,而不断地转换就形成了不停顿的运动。太极拳的轻灵、沉实、虚涵在不断的练习过程中转换和变化,达到统一和谐的境地,太极拳的这些特点对生理保健具有良好的作用。

6. 有一定的疗病效果

太极拳是一种徐缓运动,速度缓慢,动作柔和,从而使人体的微循环得以扩张。微循环的特点是剧烈运动会使血液运行走捷径,得不到充分的物质和能量的交换,而太极拳缓柔的特点则使血液能够流向各处,从而得到物质和能量的交换,改善身体内部的循环。俗话说"痛则不通,通则不痛",使一些不通之处畅通,这样慢性病症状就得到缓解或消除。同时太极拳运动能强身健体,能预防一些疾病,因此,太极拳运动有治病的效果。

7. 消除压力

练拳时因要"心静用意,心无杂念",又要体松,精神只集中于"意"上,加上太极拳本身要求刚柔并重,呼吸协调,各器官的获氧量相对提高,故练后使人顿感轻快,压力尽消,情绪稳定平伏;又因练拳后血气循环畅旺,精神亦抖擞起来,工作效率自然提高。这无疑对样样讲求效率、日常生活紧张、精神压力沉重的当代人有着很大的帮助。

6.3.2 个人道德修为

树立"不以强凌弱,不借故犯人"的道德观。太极拳论说要"舍己从人",彰显了太极拳"人不犯我,我不犯人"的独特武学精神。太极提倡借力打力,以小力胜大力,顺应对方来势,以灵巧的动作,较小的力气,使对方失准而落败。因此,太极拳的真正威力,是在被人蓄意侵犯下才发挥出来的,其最终目的是"立自己于不败之地",绝无加害对方之意。

强化修身处世之道。习练太极拳讲求"中正安舒,心静体松",这八字真言正好是我们立身处世的最佳座右铭。通过习练太极拳,我们可以体会到立身不正之弊,劳劳终日而不得其所。做人只要"中正",不走歪路,不偏不倚,就可感"安舒"之态;平日只要学会"心静",抛开生活压力的负担,就能体验到"体松"之快感。

6.3.3 老年人学太极拳

一般来说,老年人的记忆力都比较差,因此,建议刚学太极拳时,最好是从简单的入手,即先学简化的太极拳,经过一段时间的练习以后,动作得到了巩固,才可以过渡到学习传统的老式太极拳。假如是直接学习老式太极拳,切忌囫囵吞枣,急于求成。要多下功夫,尽量学得慢一点,等到学会一个动作以后,再接着学习下一个动作。学习太极拳时也可以根据自己的情况把架式略微放高一些。等到下盘有功底的时候,再把架式降低。然而更重要的是有信心、韧性。

1. 习练太极拳要注意八养、八伤

慢练为养,硬练为伤。慢练时,人的气血能跟得上意识和动作的运行,能做到意到、气到、力到;硬练,则肌肉僵硬,气血跟不上,这样对健身不利,也难出功夫,所以要慢练!

柔练为养,刚练为伤。练太极拳要用意不用力,要柔和缓慢地练,这能够使身体充分放松,有利于气血的运行;用拙劲刚练,伤气伤血,有害健康。

舒练为养,缩练为伤。身体舒展,精神放松,能使气血运行到四肢百骸;浑身紧缩着打拳,动作僵硬,不利于放松,当然有害健康。

圆练为养,方练为伤。练太极拳要动作圆活,没有凸凹之处,这符合人体的运动规律,能够舒活筋骨;反之,则对肌肉、筋脉有损伤。

中正为养,歪斜为伤。太极拳的首要要求就是"立身中正",身体中正,气血贯通;否则,身体歪斜,气血不通,有害健康。

心静为养,心乱为伤。这从现代医学也能得到印证,人长期心情烦乱,肯定会造成各种疾病。所以太极拳要求心静慢练。

和练为养,怒练为伤。练太极拳时,要心平气和。如果生气发怒时练拳,则会对身体造成伤害。

练意为养,练力为伤。练太极拳讲究练意,因为意到、气到,力自然到。练力,则伤筋骨,伤气血。

2. 每天习练太极拳,身体会产生神奇变化

每天练太极拳,会渐渐拥有一副"钢筋铁骨"。其实,只要每周拿出三天时间去练太极,骨密度就会因为刺激变得更加强韧,而且日晒会促进体内维生素D的合成,增加骨质的密度。这样坚持三个月,骨折的风险就会比同龄人降低40%左右。

每天比别人多享受两小时。太极能使人养成好的生活习惯,能使人优先享受到每天的阳光。

每晚睡得更香更沉。经常练太极的人由于肌肉和关节经常受到深层刺激而需要自我修复,身体会自动调整到更容易深度睡眠的状态,所以会比从不运动锻炼的人提前入睡20分钟,并且更容易进入深层睡眠状态。

少生病。经常练太极的人会发现好像自己不那么容易感冒发烧了。因为经常性地练太极和健身锻炼可以提高身体的免疫力,人会变得更容易适应变化和其他环境因素,也就不会这么容易生病。

3. 冬季习练太极要注意的问题

注意防寒保暖。冬季室外锻炼一定要注意保暖防寒,穿松紧合适的衣服和鞋袜,避免穿戴过紧而影响血液循环;带上帽子围巾,防止头颈部受寒;保持衣服和鞋袜的干燥;背为督脉所经之地,主一身阳气,故背部保暖非常重要,冬天可加穿毛背心保暖。

练拳前要先热身。冬日锻炼前要做好充分准备活动。因为这时气温低,体表血管遇冷收缩,血流缓慢,肌肉的黏滞性增高,韧带的弹性和关节的灵活性降低,极易发生运动损伤。准备活动可采用慢跑、擦面、浴鼻、拍打全身肌肉、活动手臂和下蹲等。

练拳时要特别注意"养汗"。春生夏长秋收冬藏,冬天练功,万物冬藏,要养阳气,需要藏精,顺天时天利,行功盘架时都要特别注意"养汗",藏阳气。盘拳时,身体微热要见汗,还没出汗时,即收功,这叫"养汗"。练拳的时候最好不要出大汗,微汗即可,如果有汗也要及时地擦干就行,注意保暖。

习拳运动强度不要过量。在冬天练习太极拳时,切忌认为不会出汗而过度运动。应根据自身的状况灵活调整运动量,做到量力而行。训练目的以巩固技术、提高技能为主,训练内容以技术的全面训练为主,在锻炼中慢慢适应。打太极拳要胸襟开阔,培养得失不计、宠辱不惊的心态。

不要带病锻炼。冬季不宜带病练拳,冬季锻炼时若发生心绞痛应立即停止锻炼,不要紧张,可坐下或半卧位休息片刻,如疼痛无缓解,及时去医院检查。

运动后不要立即洗热水澡。运动使肌肉的血管扩张,血流量增加,而内脏的血管相应收缩以维持肌肉的血量,这时洗热水澡则会使皮肤肌肉的血流量继续增加,而内脏尤其是脑部的血量减少,容易出现脑缺血而晕倒。

4. 注意环境的选择

练拳最好在阳光充足、空气新鲜、地面平坦、环境清幽的室外或室内进行。在阳光下运动有许多好处,可以多接受紫外线的照射。一般,在阳光斜射时练习较好。在夏季,体弱者更应避免在直射光线下练习,可借树荫等透入光线的地方练习为宜。空气越新鲜越好。空气污浊,多含二氧化碳、烟灰、尘埃、细菌等物,吸入肺内不利于健康。

初学者和体弱有病者最好在平坦宽敞的地方练拳,以便立稳。但熟练后地面不平坦也可以练习,这对脚的适应力还有好处,有益于推手技术提高。

环境清幽容易做到精神集中,情绪镇静。这对初学者尤为重要,因为初学者最容易受外界事物的刺激与诱惑。假如没有清幽处所,就找"闹中取静"的地方进行锻炼,时间长了也可以适应。另外,集体练习也可配音乐,能使动作整齐,节奏分明,也有助于初学。

有人说雾天练习太极拳对健康不利。这个问题要具体分析。空气中的水蒸气遇冷而凝聚成小水珠,浮游在接近地面的空间,形成了雾。假如在空气新鲜而有雾的地区练拳,对身体健康并没有不良影响。烟尘和废气较多的地方本来就不宜练拳。练拳时要避开PM2.5稍高天气或地段。

6.4 习练太极拳谚语

太极拳谚语是太极前辈、拳师和爱好者经过长期习练、思索、积累而形成的一种行为规范,具有很强的思想性、艺术性和实用性。大家在练拳时,要用心体会,细细揣摩,按要领练习,会起到事半功倍的效果。

1. 百练不如一站

站桩是中国武术中独具特色的训练方式。特殊的静态练习,能使形体放松、神意安然、内气顺畅,使拳法体用兼备。没有内在基础的拳架乃无根之木、无源之水。拳界又有"练拳无桩步,房屋无立桩"之说。故站桩为练习太极拳不可或缺的必修课,既是入门初学的基本功,也是练拳到了高级阶段的必修课程。[1]

2. 喝口陈沟水,也会翘翘腿

陈家沟既是陈式太极拳的发源地,又是太极拳发扬光大的地域。这里不但培养出高水平的太极拳大家,而且太极拳具有广泛的普及性,无论男女老幼,人人习练。这是陈家沟太极拳历经多年而不衰的原因所在。

3. 刻刻留心在腰间,腹内松静气腾然

腰是关键,要多留心。留心不能太着意,不是僵化的执着。如果把意念死死地放在腰间,带来的就不是"松",而是紧,气就不流畅,造成腰不仅不灵活,反而成了累赘,形成一个死节。要实现腹内松静,这是一种无杂念的"守",静下来,气才能"腾然",生机勃勃,周转不息。

4. 避风如避剑

在中医里,风被认为是"邪"。风入体,易损伤气血,降低免疫力。练习太极拳时,要求全身放松,处于开放的状态,此时如有邪风,极易深入体内,对身体造成危害。因此,练拳时应选择避风的场所。

5. 出手不见手,手到不能走

太极拳的修炼须做到超越形式,仅停留在形式上只能得"皮毛"。在养生中,"物我相融""浑然不觉内外",才能逐步靠近"天人合一"的理想境地。"手"主要概指要表现和达到的意念及效果,如攻击方法。

6. 动贵短,意贵远,劲贵长

动短则随变就变,主动灵活。意远则拳势连贯,意味深厚。劲远则穿透力

---

[1] 余功保:《中国太极拳辞典》,人民体育出版社 2008 年版,第 11 页。

强,打击力量大。动短是形,必须与意远相结合。短就变成了长,否则就是真短,只能被动挨打。

7. 迈步如猫行,运劲如抽丝

语出武禹襄拳论。太极拳的行架走步出腿似猫,既轻且灵,干净利落又柔若无骨。"运劲如抽丝",一者连绵不断,二者细腻幽远,三者曲折回环,四者均匀和缓。

8. 练拳不练功,到老一场空

强调练习太极拳内功的重要性。功是拳的基础,没有功,拳架子就是空的。功既是拳的基础,也是拳的高级形态。各种太极拳无不把练功作为强调的重点。

9. 拳打千遍,其义自现

太极拳强调坚持多练拳的必要性。"义"指拳的准确要领、运动规律、内在含义。拳的学习既要老师的指导,又要自己的研究,还要不断练,这样才能把老师的指导和自己的研究真正领悟。多练是必不可少的环节。太极拳的许多精髓,不练到一定的次数是难以体验到的。

10. 不要把太极拳练成"太极操"

把太极拳练成"太极操",多发生在 24 式、42 式、48 式等套路上。这些太极拳套路动作大多也来自传统太极拳,编排也是较好的,融入了专家的心血。但是,在推广和发展上缺少了传承中较好的练法,习练者没有得到名师指点,部分人参加了只重外表、不求内在的套路培训,另有部分人按光盘或网上视频照猫画虎地打出套路。此外,在各式传统太极拳习练人群中,也有一些人不明拳理又不晓练法地把拳架练成了"太极操"。以上那些人有太极拳其表其名,而无太极拳其实的运动,不具有太极拳的特质——松、沉、柔、匀、圆,以腰胯带动四肢、身心双修。太极拳圈内有识之士称之为"太极操"。其实套路和拳架都是太极拳功夫的载体,是拳就得练出相应的武功,不是练出"操"的东西。很多运动都能益身,不过,养生健身功效的大小并不一样,真正的太极拳,是"延年益寿、永葆青春"最好的养生健身法之一。

11. 一身备五弓

拳经云:"蓄劲如开弓,发劲如放箭,曲中求直,蓄而后发。"何谓"一身备五弓"?意思指的是身躯犹如一张弓,两手为两张弓,两足为两张弓,蓄放相间。五弓合一乃宏观所述,细微之处和练功要领还得习拳者思考研练才获真知,曲中求直产生劲的对拉,确立了弓架的角度。所谓开弓,弓的理解可为拳势动作与劲法、劲路的整合是否像弓的动态,内功修炼和上下相随、内外相合是否得法,直接影响到弓的功效。太极拳从头至尾都包含着有如弓状的对拉劲道,在完成一个动作时,总是上下、左右、前后进行对拉弓劲的拔长。

12. 三分练,七分养

强调科学练拳,要注意练养结合,在练拳的强度、时间等方面适度控制,注意练拳的健身要领,不能一味追求大运动量,追求劲力的发放。

13. 慢练为养,快练为伤

练太极拳时,往往有一个错误的认识,认为要一味地刚猛、暴烈,强调发力、震脚。这样长久练习会造成气血损伤。练习原则应该是慢练为养,快练为伤;柔练为养,刚练为伤;舒展大方,圆活运动;气沉丹田,培养浑圆之气。这样才能使全身的经络畅通,气血旺盛,得到健体强身的效果。

14. 调息绵绵,操固内守

呼吸之道,在于自然。绵绵调息,就是不间断、轻微、深长、均匀。在调息中,也要和意念相结合,有时注意行拳、调息过程中身体一些特别感受和反应,也就是调息和动作、内气相呼应,不是孤立、简单地呼吸。

6.5 习练太极拳的禁忌

6.5.1 横气填胸

练习太极拳常见的一种病。它主要是将气填满胸膛,呼吸不自然,喘气,憋气,闷气。在陈家沟常常听到一句话,"横气填胸,百病齐生"。

产生的原因主要有两方面,即套路形式演练和意识心态思维的不正确。拳论中讲,节节要松,皮毛要攻,连绵贯穿,虚灵在中。这告诉我们,放松是太极拳中最重要的拳技精华。节节放松即全身要有气感,胸中要虚空。在套路演练中,套路不熟练,姿势不正确,关节不灵活,动作运行上就出现僵硬,呆板发滞,练一招是一招,自始至终不能一气贯通。在心态上就会心情紧张,思绪紊乱,呼吸不自然,意识上不知所措,导致内外不放松,就会"横气填胸"。还有就是意识心态上的思想紊乱,心情紧张,精神涣散,意识不集中所导致的呼吸不自然,所出现的内因状况。"横气填胸"最重要的也是最简单的两字,就是"呼吸"。也就是怎样去了解呼吸,去练呼吸,去运用呼吸。"呼吸"有两种,一种是"自然呼吸",也叫顺腹式呼吸,是一出生就会的自然呼吸,这是不需要去练习的,不需要去想的呼吸。另一种是"呼吸自然",也叫逆腹式呼吸,是胎儿在母体内的"呼吸"法，为先天呼吸，意在呼吸，力求自然。这种呼吸是靠意念导引练出来的，也是我们经常听到的"导引吐纳"。

如何克服"横气填胸"？首先练拳者不要急于求成，一定要循序渐进，一步一步地去完成练习太极拳的程序，最后达到心宽胸舒，没有横气填胸的迹象，再去狠下功夫。另外，练习时一定要动作正确，节节放松，要指松腕活，坠肘沉肩，含胸塌腰，松胯屈膝，脚底踏平，顶劲领起，这是人体姿势动作的要求。当然初学者刚刚练习不可能一下子全部做到，但力求做到，一个一个去正确完成，只想动作不想别的，只去练，熟练套路动作，自然完成动作即可。请记住下面的口诀：

横气填胸，百病齐生；气喘胸闷，话不成声；
思想紊乱，脑子不清；面色全非，难以形容；
全身僵硬，关节不灵；气难运转，全填在胸；
久做成疾，贻误终生；君须牢记，不可此行。

6.5.2 习练中易犯的"毛病"

1. 保持中正难

表象：在习拳过程中，习拳者身体没有中正，东倒西歪，前俯后仰，周身别扭，初习拳者尤甚。

克服办法：首先要做好"四平"，即顶平头正，肩平身正，眼平意正，心平气正。其次，为了使身体中正安舒，支撑八方，必须做好外三合，即肩与胯合，肘与膝合，手与足合。以搂膝拗步为例，左脚在前成川字步，右肩与左胯合住，右肘与左膝合住，右手与左足合住，右脚在前相反之。太极拳的中正，并不是绝对保持身体中心与地面垂直，而是保持身体平衡。以"金鸡独立"为例，一定要身体略有倾斜，才能保证身体沉稳，即"斜中寓正"。在行拳过程中，保持身体动态平衡。

2. "松""懈"无区别

表象：练拳时精神萎靡，骨节闭合，好像支撑不了自己的身体一样，头垂、背弯、膝软，两手两臂也是如此，肌肉软瘫一堆。拳架松懈丢瘪、无精打采。以上弊病皆由"松""懈"不分所致。

克服办法：首先要提起精神，注意意领。其次，所有骨节都要启开，筋要松开，肉要沉，腰以上的劲往上，腰以下的劲往下，处处都要走出两夺之势来。用意不用力为之松，不用意不用力为之懈。所以拳论说，用意不用力，在气则滞，在意则灵,意气君来骨肉臣。

3. "开""合"分离

表象:不少人练拳时,知开不知合,知合不知开,拳势开则散,合则瘪,开合分离,根本谈不上连绵不断,行拳棱角丛生。

克服办法:开合是一个矛盾的两个方面,开离不了合,合离不了开,开合同时存在。我们提倡开时注意合而不散,合时注意开而不瘪,就是为了防止开合分离。当功夫练到一定程度时,会感到开中有开,合中有合,或者叫一开再开,一合再合,达到开合难分的程度。这是练好太极拳的关键所在。

4. 足下无根

表象:练拳时,总是头重脚轻,站立不稳,单脚难以自控,甚至双脚在地也不稳当。主要表现为虚实变换得不好。前后虚实全靠前倒后移,左右虚实也靠左右摇摆,所以这是造成足下无根的根本原因。

克服办法:主要靠松腰落胯,重心下移,自然站立稳当。具体做法:如弓箭步,后足实变前足实时,后足要蹬,前足要撑,松腰落胯,在松沉中实现重心转移,虚实变换。这样既可防止硬腿,又可防止软腿,足下自然稳当有根。

5. 不圆活

表象:棱角多,拳架硬梆梆,动作呆滞不受看,没有太极拳味道。

克服办法:打太极拳时要注意缠丝,划弧形,就像打篮球接球一样,要有缓冲地接住并返回。这样拳架自然松柔圆活,连绵不断。

6. 压肩多,松肩少

表象:沉肩坠肘,人们往往理解为肩峰往下沉,越沉越好,甚至着意往下沉肩,使肩背紧张,如负重担,造成板胸不能运化。

办法:关键在于弄清肩的结构。肩是由肱骨头、肩胛骨的关节盂和胸锁骨构成。压肩会使肩关节闭合,气上浮,有憋气的感觉。要想松肩,必须肩关节启开,松肩并向前有拢意,肩背毫无分量,气方能畅通。功夫练久了,肩关节自开,肩活胸柔自然能够运化,才能实现拳论所说的"运化在胸"的要求。

7. 强求开合配呼吸

表象:太极拳的呼吸,要弄清三大呼吸系统,即胎吸、毛发呼吸及口鼻呼吸。这三大呼吸系统,不管你意识到或没意识到,都在完成与大自然交换气的任务。三者缺一不可,否则就要影响健康,甚至威胁生命。

克服办法:口鼻呼吸入肺,只有胎吸,气才能下达气海,才是真正的深长呼吸。呼吸深长,一般说来,身体健康,寿命长;呼吸越浅,健康越差,寿命越短。

方法是用神阙穴进行呼吸，吸时神阙穴（脐轮）带动肚皮往命门贴，呼时还是用神阙穴带动肚皮回原处。这样一收一放，周而复始，任其自然。呼吸时注意防止腹紧，防止憋气，腹松气腾然。

实践证明，太极拳的气不是配出来的，而是通过长期练功练出来的。练拳时要注意快慢，这里说的慢，是慢而不滞，慢而不停，是初期的练法；而快是快而不滑，快而不乱，是后期的练法。不管是快还是慢，呼吸都是自然的，毫不勉强。

6.6 实战技击习练体会

1. 太极拳技击的独特性

太极拳与任何拳术相比都是独特的，它是以自然（松）、沉着（静）、柔韧（刚柔相济）为核心。基本要点是在交手中，始终设法保持自己的重心，设法破坏对手的平衡，并利用对手出击或防御时产生的瞬间不平衡，运用独特的技术，加重对手的失重，使之倾倒或跌出，充分展现以静制动、后发制人、四两拨千斤的效果。

陈式太极拳在技击上别具一格，特点鲜明。它要求以静制动、以柔克刚、避实击虚、借力发力，主张一切从客观出发，随人则活，由己则滞。特别讲究"听劲"，即要准确地感觉判断对方来势，以做出反应。当对方未发动前，自己不要冒进，可先以招法诱发对方，试其虚实，术语称为"引手"。一旦对方发动，自己要迅速抢在前面，"彼未动我不动，彼微动我先动"，"后发先至"，将对方引进，使其失重落空，或者分散转移对方力量，乘虚而入，全力还击。

2. 技击的作用

技击是武术的灵魂，练习太极拳技击，掌握搏斗防身技巧，不但能从中体会到攻防过程中的文化内涵，培养坚强、勇敢、果断、机智等优良品质，而且可以防身御侮，对保护自己大有益处。

3. 练习太极拳技击的步骤

(1) 初学太极技击，以固定招式反复演习

"没有规矩不成方圆"，基本招法是初学者的必由之路。太极拳的"掤、捋、挤、按、采、挒、肘、靠、进、退、顾、盼、定"等都是我们要掌握的主要技法。其用掌、指、拳、腕、肘、臂、肩、腰、胯、臀、膝、脚处处皆能击人。其劲开、合、提、沉、长、截、卷、钻、冷、断、寸各劲均能攻人。

(2) 经过一定时日的训练，可进入脱规矩阶段

即训练时将所学的基本招法灵活运用，随意组合。这样再经过一个阶段，

练习者再把过去所学的固定招式打破分解,没有固定招式,完全根据临场变化而接招进招。

太极技击的基本原则:与人交手不尚拙力,善用巧力,随屈就伸,逆来顺应,乘人之势,借人之力,一切顺势而变,在变的前提下,寓守为攻,时时处处追求得机得势,劲路使用中,以惊弹劲、螺旋劲、弹簧劲和接劲、截劲见长。①

临战交手中,敌我双方各有各的特点和打法,事先谁也无法预测对方如何出手和接招。"拳打两不知",战机瞬息万变,什么样的情况都可能发生。因此,无论哪种技击手段,都不会采取墨守成规的打法,即绝不会事前设定一套怎么攻或防的技法。与人交手,不强求别人用什么招法,不管别人用什么打法,太极技击都能从容应对,有效化解,让对方失去自我,处处被动,无法施展手,为我所制。

(3)如何交手

初习太极技击术,要由慢而快,由熟而精,由精而绝。久之能使操练者自然而然地养成迅猛、敏锐、果敢、豪气的风格。一旦出手,能在瞬间释放出强大无比的内部能量。

与人不能随便搭手,搭手就有,能打就打,不能打就变。真正交手没那么容易,常常是变化几手才有机会,总之是"见子说话""招自心出",有机会不要放过。

与人交手切记步法不要乱,一步一步走,要稳,不要乱走大步,要蹚小步,不要急奔乱跳,要用三角步、弧形步、八卦步、三体式步、滑行步等科学步法。绕着对方走,不要向远走。不能慌,不管对方怎么打,你心里要稳,"他打他的,你打你的"。要把气沉住,沉到脚底,得机即发,发人要脆,不能拖泥带水。

与人交手要懂得接外打外,接内打内;接外打内,接内打外。上下、左右、前后、声东击西、指上打下、吞吐、开合、虚实、刚柔、兵不厌诈。若与对方手腕有接触,要缠着对方走,不要慌,手臂在缠绕中变化寻机会。下边步子不要走远,转身时不要向远走,就在对方周围身边绕着走,这样机会多。至于对方身高、身矮力大、力小,技战术如何,那更需要在交手初始审时度势,蓄意窥探,所以太极拳讲究以静制动,后发先至。总之交手之初不可言动,要知己知彼,才能稳操胜券。

---

① 太极人:《太极技击术心得》,https://www.taiji.net.cn//article-9708-1.html,下载日期:2009年2月17日。

第 7 章
Chapter 7

河南省高校太极拳教学现状

2017年1月25日,中共中央办公厅、国务院办公厅印发《关于实施中华优秀传统文化传承发展工程的意见》指出:"把中华优秀传统文化全方位融入思想道德教育、文化知识教育、艺术体育教育、社会实践教育各环节,贯穿于启蒙教育、基础教育、职业教育、高等教育、继续教育各领域。推动高校开设中华优秀传统文化必修课,在哲学社会科学及相关学科专业和课程中增加中华优秀传统文化的内容。"为全面贯彻落实中共中央、国务院《关于实施中华优秀传统文化传承发展工程的意见》精神,弘扬河南优秀传统文化,根据河南省《关于弘扬民族传统体育进一步加强校园武术工作的通知》(豫体〔2014〕22号)精神,及《关于加强武术进校园工作的通知》要求,目前河南各级各类学校普遍推广太极拳运动,使太极拳成为学生终身受益的运动项目。为推进高校民族文化传承与创新示范专业点建设,河南各高校积极创新太极拳教学模式,使太极拳成为学生喜闻乐见的运动项目。

太极拳作为河南本土文化精粹,在河南省高校开展,兼具天时地利,如果再加上人和,即社会各界的重视和贯彻落实,特别是相关部门的支持和助推,太极拳必将成为一个亮点。同时,近年来大学生健康状况不容乐观的现实,也呼唤着太极拳等健身娱乐活动。尤其是太极拳,作为中华传统文化的优秀代表,内含阴阳平衡辩证统一的哲学价值,追求修炼养生的中医学价值,促进身心和谐的运动健身养生价值。其在一动一静中调节身心,在行云流水中完善人格,在刚柔相济中强健身体,促进学生人格自我完善,丰盈学生精神追求,提升学生道德品质,自然更值得推崇。

随着各校招生规模的扩大及招生种类的增加,河南省高校太极拳课堂教学开展得怎样?效果如何?师生是否喜爱教和学?带着这些问题,我们展开了大量的调查研究工作。调查区域主要分为豫东、豫西、豫南、豫北和豫中。调研方法为实地考察、电话联系沟通、查阅资料等,在充分获得大量一手数据的基础上,全面分析河南省高校太极拳教学现状,探索影响成因,针对具体问题提出一些合理的对策建议,从而完善高校太极拳课程体系,改善教学现状,促进太极拳的良性发展和推广普及,并为高校太极拳教学发展提供有价值的理论依据。

7.1 作为研究对象的河南高校

本项目的研究对象是以地域划分的,豫东3所本科4所专科,豫西4所本科2所专科,豫南4所本科3所专科,豫北4所本科7所专科,豫中4所本科6所专科,共19所本科22所专科(见表7-1),这些高校具有普遍性和代表性。以这些高校的体育教师和学生作为调查对象,能够全面了解河南省高校太极拳开展情况,研究结果是有说服力的。

表7-1 调查的河南省各高校

地域	地区名称	学校类别	学校名称	合计
豫东	开封 (1本2专)	本科	河南大学	1
		专科	开封大学	2
			黄河水利职业技术学院	
	周口 (1本1专)	本科	周口师范学院	1
		专科	周口职业技术学院	1
	商丘 (1本1专)	本科	商丘师范学院	1
		专科	商丘职业技术学院	1
豫西	洛阳 (2本1专)	本科	河南科技大学	2
			洛阳理工学院	
		专科	河南林业职业技术学院	1
	平顶山 (2本)	本科	河南城建学院	2
			平顶山学院	
	三门峡(1专)	专科	三门峡职业技术学院	1
豫南	南阳 (2本1专)	本科	南阳理工学院	2
			南阳师范学院	
		专科	河南工业职业技术学院	1
	驻马店 (1本1专)	本科	黄淮学院	1
		专科	驻马店职业技术学院	1
	信阳 (1本1专)	本科	河南师范学院	1
		专科	信阳职业技术学院	1

(续表)

地域	地区名称	学校类别	学校名称	合计
豫北	新乡 (2本1专)	本科	河南师范大学	2
			新乡医学院	
		专科	新乡职业技术学院	1
	安阳 (1本1专)	本科	安阳师范学院	1
		专科	安阳职业技术学院	1
	焦作 (1本2专)	本科	河南理工大学	1
		专科	焦作师范专科学校	2
			焦作大学	
	濮阳(1专)	专科	濮阳职业技术学院	1
	鹤壁(1专)	专科	鹤壁职业技术学院	1
	济源(1专)	专科	济源职业技术学院	1
豫中	郑州 (3本3专)	本科	郑州大学	3
			升达经贸管理学院	
			河南财经政法大学	
		专科	河南职业技术学院	3
			郑州铁路职业技术学院	
			河南农业职业学院	
	许昌 (1本1专)	本科	许昌学院	1
		专科	许昌职业技术学院	1
	漯河(2专)	专科	漯河医学高等专科学校	2
			漯河职业技术学院	

　　研究方法是实地考察、专家访谈、问卷调查、逻辑分析等方法,以期获得令人信服的结果。

　　实地考察法:深入部分高校校园对太极拳教学进行调查并获取第一手资料。

　　专家访谈法:通过对从事太极拳教学的教师或对太极拳有资深研究的人进行走访和电话访谈,对太极拳教学现状的相关问题进行收集,为研究提供有力的佐证资料。

　　问卷调查法:问卷经效度检验和信度检验测评以后,在满足科研需求的前提下进行问卷的发放和回收。根据研究内容和目的,遵循体育科学研究方法设计了"河南省普通高校太极拳教学现状的调查研究问卷"。

　　文献资料法:依托中国期刊网、郑州大学图书馆、网络资源,查阅近年来关于太极拳教学的有关资料,进行分析归纳;并收集和分析各普通高校的太极拳教学计划和太极拳教师的教案,以初步了解河南省普通高校的太极拳教学现状,为进一步研究奠定基础。

数理统计法:对回收的有效问卷进行整理,除了人工统计外,还运用 Excel 等软件对所得数据进行统计分析处理,完成图表制定等。

逻辑分析法:通过对 5 个区域的高校太极拳开展状况进行比较,对调查的数据和文献资料运用类比、归纳、演绎、分析综合等逻辑分析方法,并结合社会学、心理学、教育学、体育学等多学科理论进行分析,得出相应的研究结论。

7.2 河南各地高校太极拳教学调查

本节内容主要围绕教师和学生在太极拳教学过程中的一系列问题进行调查研究,具体内容包括:太极拳课程开设情况;太极拳选项课师资状况调查;教师从事太极拳教学目标调查;教师从事太极拳教学方法、手段的调查;教师对太极拳课程的认同度;教师对太极拳的热爱程度;学生的学习动机。主要涉及河南省高校开展太极拳课程已经获得的经验和有待完善的环节,针对存在问题提出相应的优化措施,从而更好地促进河南高校太极拳教学可持续地良性发展,为全民健身运动贡献力量。

7.2.1 调查结果与分析

1. 太极拳课程开设情况

表 7-2　河南省各地区普通高校太极拳选项课开设状况

区域	高校名称	学时长度	24式简化太极拳(杨式)	陈式	孙式	和式	吴式	武式	其他
豫东	河南大学	一年			◆				
	开封大学	一学期	◆						
	黄河水利职业技术学院	一学期	◆						
	周口师范学院	一学期	◆						
	周口职业技术学院	一学期	◆						
	商丘师范学院	一学期	◆						
	商丘职业技术学院	一学期	◆						

（续表）

区域	高校名称	学时长度	24式简化太极拳（杨式）	陈式	孙式	和式	吴式	武式	其他
豫西	河南科技大学	一学期	◆						
	洛阳理工学院	一年	◆						
	河南林业职业技术学院	一学期	◆						
	河南城建学院	两年	◆						
	平顶山学院	一学期	◆						
	三门峡职业技术学院	一年	◆						
豫北	河南师范大学	一学期	◆						
	新乡医学院	一学期		◆					
	新乡职业技术学院	一学期	◆						
	安阳师范学院	一学期	◆						
	安阳职业技术学院	一学期	◆						
	河南理工大学	两年		◆					
	焦作师范专科学校	一年		◆					
	焦作大学	一年		◆					
	濮阳职业技术学院	一学期		◆					
	鹤壁职业技术学院	一学期	◆						
	济源职业技术学院	一学期	◆						
豫南	南阳理工学院	一学期	◆						
	南阳师范学院	一学期					◆		
	河南工业职业技术学院	一学期	◆						
	黄淮学院	一学期	◆						
	驻马店职业技术学院	一学期	◆						
	信阳师范学院	一学期	◆						
	信阳职业技术学院	一学期	◆						

(续表)

区域	高校名称	学时长度	24式简化太极拳（杨式）	陈式	孙式	和式	吴式	武式	其他
豫中	郑州大学	一学期	◆						
	升达经贸管理学院	一学期		◆					
	河南财经政法大学	一年级	◆						
	河南职业技术学院	一学期	◆						
	郑州铁路职业技术学院	一学期	◆						
	河南农业职业学院	一年级		◆					
	许昌学院	一学期	◆						
	许昌职业技术学院	一学期							
	漯河医学高等专科学校	一学期	◆						
	漯河职业技术学院	一学期	◆						

表7-2反映的是河南部分高校太极拳课程开设情况。除此之外，比赛竞技也是太极拳教学很好的辅助形式。

河南大学一年级新生普修孙式太极拳，公共体育教研部每年都组织本科生和研究生的太极拳比赛。2016年4月21日举办了河南大学第十四届本科生太极拳比赛。来自全校各学院的34支代表队近万名本科生参加了比赛。比赛内容为孙式太极拳（四段）。团体赛要求各学院参赛人数不得少于2015级学生人数的70%，300人以上的学院组成2支队伍，300人以下的学院组成1支队伍。2016年11月3日，举行了第四届研究生太极拳比赛。全校35个研究生培养单位组织的31支代表队共2400余名2016级研究生参加了比赛。明伦校区裁判长郭春阳认为："我校是全国为数不多的为研究生开设公共体育课和开展太极拳教学的高校，目的就是让研究生在刻苦学习的同时，也要有相应的体育锻炼。"

据悉，河南大学与孙式太极拳渊源颇深，20世纪80年代孙式太极拳第三代传人孙淑容老师受聘为该校"特约拳师"，为广大师生传授太极拳法，使河南大学成为国内孙式太极拳的重要传承地。同时，河南大学体育部主任洪浩教授是孙式太极拳研究会副会长兼秘书长，对推动孙式太极拳在河南大学的传播与推广起到了举足轻重的作用。太极拳比赛既是河南大学积极响应教育部和国家体育总局号召,推动中国武术段位制进校园的一项重要举措,同时也是弘扬太极文化,丰富学生校园文化生活,磨砺学生意志品质的重要手段。

河南财经政法大学一年级开设基础体育课,主要课程有篮球、排球、足球(男)、健美操(女)、中长跑、短跑、24式太极拳、八段锦、体育理论知识等,使学生正确认识体育的目的和意义,获得必要的体育基本理论知识,打下良好的身体素质基础,学会科学锻炼身体的方法,养成终身体育锻炼的好习惯。一年级新生普修太极拳课,每年约8000名新生,每节课安排两个内容,主要学简化24式太极拳,穿插有排球、篮球、足球等,由47名教师教,分两学期学完。每年在春季组织太极拳比赛。太极拳比赛以班级为单位报名参加(100%的学生参加),每系报名班级数不超过10个。武术比赛是以院系为单位参加,参赛人数为20人,每院系限报一队,男女不限。

河南理工大学地处焦作,陈式太极拳起源于焦作温县陈家沟,因此,开展太极拳教学极具优越性与便利性。为了让太极拳这一特殊形式的文化遗产得以更好地传播,除了常规的教学之外,组织全校性的比赛也是寻常工作。2015年12月22日下午,举办首届新生太极拳教学比赛,来自全校19个学院1000余名一年级在校大学生参加了比赛。2017年1月3日下午,举办了第二届太极拳教学比赛。

在高职院校中,焦作大学太极武术学院开展太极拳较好。开设两年,项目较多,有陈式太极拳、和式太极拳,太极剑、刀、扇,主要以任天麟创编的26式陈式太极拳为主。这种太极拳是在传统陈式太极拳基础上经过技术优化、简化精编而成的一套普及推广性套路。此套路动作规范,结构严谨,松静圆活,徐缓连贯,刚柔相济,很好地继承了陈式太极拳的核心招式与拳法精髓,同时套路的演练时间又符合国家竞赛要求,是一套既适合推广又便于参加竞赛的简化陈式太极拳。

2017年5月15日,焦作大学在河南省首届传统武术大赛(焦作赛区)暨焦作市全民健身月武术太极拳展示活动中再创佳绩。代表队共获得集体项目一等奖1个,个人一等奖8个、二等奖22个、三等奖38个,为焦作大学争得了荣誉。此次大赛充分展示了中原武术文化精髓,增强了广大群众的健身意识,对传承武术文化,传播武术健身理念,促进和带动更多的人参与全民健身具有重要的意义。

河南农业职业学院开展太极拳较好,主要在新生中开展,每年运动会都会有太极拳表演,效果很好。

在调查的19所本科院校和22所专科院校中,体育教学普遍开设有太极拳课,以"简化24式太极拳"为主。河南理工大学、焦作大学等豫北地区的以陈式太极拳为主,河南大学以孙式太极拳为主。高校中大都是一年级新生开设太极拳课程。调查中发现,大部分学校开设一学期课程,但无论是陈式或杨式,都存在内容教不完的现象,大部分是学一半,然后学生复习,考试。这说明太极拳开设课时比重小,其中开设太极拳课为一学期的占78%,开设一年的有5所,占19%,焦作居多,如焦作大学、焦作师范专科学校;两年的有1所,占3%,是河南城建学院。高职院校按课程大纲要求应是一年,但很多学校把体育课进行压缩,缩小开课比重,不利于学生的身心健康。

另外,太极拳的地域优势有待进一步发挥。河南是陈式太极拳的发源地,陈式太极拳在全国乃至世界都有深远影响,但在调查中发现,选24式简化太极拳(杨式)的有32所,占82%,陈式太极拳的有7所,占17%,其中练陈式太极拳26式的有2所,练精要18式的有2所。孙式的1所,吴式的1所。这说明目前高职院校陈式太极拳的推广应用不够普遍,地域优势发挥得并不理想,传统文化的优势未能凸显出来。

2. 太极拳选项课师资状况

教师是学校教育过程的主导力量,其重要性不言而喻。教学质量的高低与高质量的教师队伍是成正比的,教师素质会很大程度地影响教学质量,因此教师水平的高低是决定教学效果好坏最有力的评价指标。

调查结果如表7-3所示,师资力量不足,武术或太极拳等专业教师只占25%,通过学习、培训、继续教育等手段来从事太极拳的非专业教师居多,占75%。专业从事武术或太极拳的比较少,绝大部分教师是从事其他项目,通过聘请教练教、视频学习、培训等形式学习后来教太极拳课。

表7-3 太极拳师资调查(N=150)

	教师教学		职称			学历		继续教育	
	专业	非专业	教授(副教授)	讲师	助讲	硕士	本科	有	无
人数	37	113	22	83	45	63	87	112	38
百分比	25%	75%	15%	55%	30%	42%	58%	75%	25%

职称结构不合理,高级职称少,中青年教师居多。高级职称(教授、副教授)占15%,讲师占55%,助讲占30%。从职称分布情况来看,讲师较多,从事太

极拳教学的教师总体趋向年轻化,年轻教师接受知识快,可在电脑、手机上反复看视频,这样学或教起来就会容易得多。

近几年,各高校招生人数增加,教师工作量加大,政策向科学研究倾斜,高校出现"重科研,轻教学"的现象,再加上教师本身因评级、评估、晋级职称等,对教学产生了一定的"倦怠"情绪,对待传统文化的态度比较肤浅,基本的武道礼德在教学中很少体现。调查得知高校武术教师数量无法满足太极拳教学需要,太极拳教师经过短期培训后就上岗,现学现卖,教学只能停留在动作的外形和路线上,影响太极拳的教学效果。这样的太极拳教学,使学生不能从中感受到或充分感受到太极拳本身蕴含的技击艺术及深层次的文化内涵,自然对太极拳不感兴趣,不愿练习太极拳,所以师资队伍建设是高校太极拳教学活动亟待解决的一个关键问题。

3. 高校太极拳教学目标

体育课主要是以技能为主,理论为辅,室外授课比较多。但是室外空间大,学生的注意力容易分散,如何吸引学生,提高学生兴趣,这是教师制定教学目标首先要考虑的问题。太极拳的发源地是在温县陈家沟,地域优势及特色项目是河南省各高校开展太极拳教学的首要因素,致力于传播及推广好太极拳。高校太极拳教学目标是,通过学习,让学生了解其起源及发展历程,通过教师的讲解示范或通过信息化手段,如用手机观看网上的相关视频,让学生对其有一个初步的感性及理性认识,了解其精要的部分,这样学生学习起来就不会感觉摸不着头绪,循序渐进,天长日久,进而增强身体素质,树立终身体育的理念,培养持之以恒、坚持不懈的习惯,要天天练习,从中感受其乐趣,并且从太极拳的连绵不断、松沉静稳中学会遇事沉稳,保持乐观开朗的精神状态。学习太极拳时一定要注意不能只学习动作套路,比划比划,那就成太极操了,而不是太极拳。

如图7-1及表7-4,目前高校太极拳教学目标的重点是技能传授和让学生记忆套路动作,占72%;主要关注身心锻炼的占13%,关注传播太极文化内涵的占7%,关注激发学生学习兴趣的占8%。从表7-4可看出,太极拳套路的教学占绝大部分,这可能与教学时数及教师水平有关联,受教学时数限制,教师不能讲解太多、太深的理论,只能抓紧时间教动作,否则学生考试时学不完。这也导致学生对优秀传统文化了解不多,对太极拳教学的认识也参差不齐;学生学习太极拳的积极性不高,且学习也是只重外形不重内涵,能以太极拳哲辩思想进行自我指导的很少。

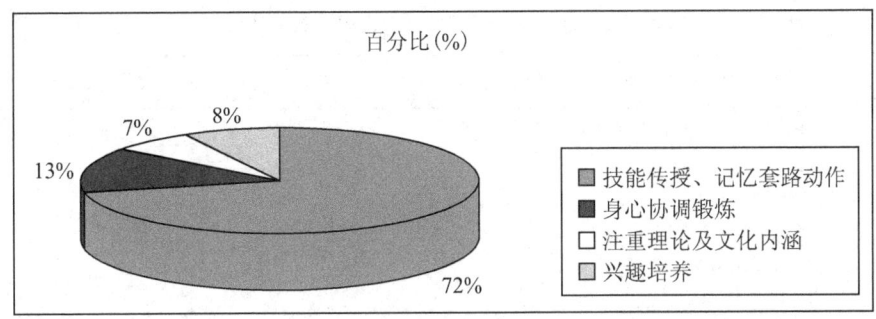

图 7-1　教学目标调查

表 7-4　教学目标调查（N=150）

内　容	人　数	百分比(%)
技能传授、记忆套路动作	108	72
身心协调锻炼	20	13
注重理论及文化内涵	10	7
兴趣培养	12	8

　　这样的教学现状对教师提出了更高的要求。学生正值青春，精力充沛、活泼好动，而太极拳动作比较缓柔，部分学生会有抵触情绪，因此培养学生兴趣，让学生接受太极拳是第一步。同时，在调研中也发现，学生对太极拳的技击动作较感兴趣。教师可以根据所教内容，有针对性地教一些相关技击动作，不但有利于调动学生学习的积极性，活跃课堂气氛，还有利于纠正错误动作，让学生建立正确的动作定型，如常见的"引进落空""四两拨千斤"等擒拿技击动作。古人云："拳打上风，审顾地形，手要急，足要轻，察势如猫行，心要整，目要清，身手齐到始成功。"凡此种种，都需要教师根据情况因材施教、诲人不倦来完成教学任务。

4. 太极拳教学的方法、手段

　　教学方法和手段是教学的重要组成部分，科学、合理的教学方法和手段可以让教师事半功倍地完成教学任务、实现教学目标，从而提升教学质量和水平。太极拳教学中，教师要讲解示范，学生要跟着模仿，能让学生静下心来跟着教师练习是需要教师动脑筋、想办法的。

　　如表 7-5 所示，当前教学中普遍采用的教学方式是讲解、示范及分组练习，占 82%，还是很普及的；同时发现一些教师正在提高信息化教学手段，多媒体技术使用频率在提高；通过教学方式的改变来关注学生情绪变化的教师不多；太极拳教学中，光练套路是不行的，还要加一些像踢腿、马步、协调动作等的基础练习，有的教师做得好，有的做得还不够好。

表 7-5 教学方法及手段（多选题 N=150）

主要采用的教学方法	总是	经常	有时	偶尔
讲解—示范—分组练习	82%	9%	9%	0%
集体练习—辅导	80%	10%	10%	0%
分组练习—辅导	31%	55%	13%	1%
使用多媒体技术频率	23%	48%	21%	8%
关注学生情绪变化	31%	34%	25%	10%
专项身体素质练习	57	25%	13%	5%

采用多样的教学方法和手段吸引学生的注意力。如在教某个动作时，可以加一些技击动作，让学生了解这个动作在现实生活中的用处，与现实生活相结合，使教学内容更接地气，学生学起来就会更好些。或者在学生感觉厌烦时，挑选一个学生到前面做，教师纠正动作。教师也可以找机会表演一小段动作，吸引学生的眼球，等等。方法手段实际是很多的，需要教师提前备课。通过多种多样的方法手段，学生的兴趣提高了，真正静下心来，就能全身心投入学习过程中。

体育教学中会经常用到各类教学模式，如"分解串联—小组合作—逐步考试"教学模式、"体用结合"教学模式、"四步曲"教学模式、"三自一导"教学模式等，都是探索如何通过教学方法和手段来有效提高太极拳教学效果。

河南农业职业学院根据高职学生的身心成长规律和高职院校的教学特点，探索适合高职学生特点的"三三三"太极拳教学模式，将 90 分钟的一个教学时段分为三段，每段 30 分钟，其中前 30 分钟为素质练习，中间 30 分钟为模仿练习，最后 30 分钟为自组练习，简称"三三三"教学模式。

(1) 素质练习

在前 30 分钟素质练习中，重点是教师带领学生多做一些基础性身体练习，提高身体机能和灵活度。如太极拳中的步法练习、身法练习、手法练习、缠丝劲练习、腿法练习、跳步练习、组合练习等，这些都是练习太极拳的基础性、关键性动作，熟练掌握这些基础性动作有利于把握和学习太极拳套路。

(2) 模仿练习

重复模仿。在中间 30 分钟教学中，主要以模仿练习为主。传统太极拳教学中，教师讲解动作要领，讲得口干舌燥，但下面学生练习时，忘得一干二净，主要问题在于学生练习次数少，没有太多印象。而"三三三"教学模式，主要是让学生跟着教师反复模仿动作，每招式最少练 15~20 遍，每节课一般学两个动作，经过反复模仿，学生能记住动作的 80% 左右，这比教师多讲少练效果要好得多。

技击用法。学生对太极拳的技击动作很感兴趣。教学中,教一些技击动作,不但有利于调动学生学习的积极性,活跃课堂气氛,还有利于纠正错误动作,让学生建立正确的动作定型,效果会很好。

(3)自主练习

互查互助。后30分钟,学生分组进行练习,练习过程中,同学们互查互助,巩固提高。

诵读谚语。太极拳教学中,一方面学习技术,同时再了解、熟读或背诵一些相关的太极拳动作要领或谚语,进一步促进技术的提高。阅读时,教师要有所选择,每节课的诵读内容不要太多,日积月累,定有收获。如太极十三势即掤、捋、挤、按、采、挒、肘、靠等;技击原则如以静制动、以柔克刚等;常用谚语如"喝喝陈沟水,都会翘翘腿""练拳不练功、到老一场空""迈步如猫行,运劲如抽丝""内固精神,外示安逸""拳打千遍,其义自现""三分练,七分养"等;练习要领如虚灵顶劲、松肩沉肘、含胸塌腰、用意不用力等;身法八要如含胸、拔背、裹裆、护臀等。记载下来的太极拳谱、谚语或心法口诀等,都形象说明和展示了太极的无穷文化奥妙与魅力。

课后作业。在太极拳教学中,布置课后作业很重要,光靠上课时间练远远不够。目前,学生与手机是形影不离的,要充分利用"互联网+太极拳"充实太极拳教学。教师要上传相关动作视频及相关知识,让学生通过微信、朋友圈等沟通工具学习观看,并点赞、留言、讨论,教师可通过这些掌握学生的学习动态,并作为考核的依据(占30%),同时丰富了考核手段。要求学生每星期看学过的动作录像15遍左右,促使学生强化学习,提高兴趣,从而完善教学质量保证体系,切实提高高职院校人才培养质量。

"三三三"教学模式在教学过程中注意事项如下:

第一,加强太极文化宣传。传承发展中华优秀太极拳文化是每个人的职责,高校又是传承优秀传统文化的主阵地,要加大优秀传统文化的宣传力度,努力使学生在课堂内外感受到太极文化的温情和独特魅力,使传统文化深入人心,树立起文化自信。

第二,习拳重在修心。太极拳的主要特点是"修身养性,心静体松"。而现在的大学生真正能沉下心来,学习钻研的人不多。心浮、压力大是他们的真实写照。引导大学生练习太极拳,是对他们进行身体培养和人格塑造,是对传统武术价值的再挖掘,对大学生人格的培养将起到固本培元的作用,有助于其身心健康,开创美好的未来。

第三,加强教学督察。督察是抓落实的重要手段,要强化教学督察制度,不定期进行听课、看课等,重点落实教师是否按"三三三"教学模式进行教学,反复强调，让师生形成惯性。只有使"课堂教学＋课外作业（视频）＝培养兴趣"，使学生增强健身意识，树立终身体育理念，才能发挥出最大的教学效果，从而进一步传承和弘扬太极拳文化。

第四，注重情景教学和分组演练。定期进行太极拳表演赛对于掌握太极拳技术十分重要，以宿舍为单元进行分组演练有利于增强学生的集体荣誉感和团结协作意识，课堂教学要紧紧抓住课堂最后30分钟进行分组演练，每月进行一次。为了充分展示自己的表演才能，各个小组都不甘示弱，力争赢得表演赛。通过情景教学和演练既能够增强学生的学习兴趣，也提高了教学效果。

第五，强化经典诵读。当前，全国各级各类教育机构都把强化经典诵读、传承华夏文明当作一项非常有价值的重要课题，而太极拳是五千年来华夏文明的重要构成部分，要让学生经常阅读背诵有关的拳歌、诗词。特别是当代大学生，他们是国家的栋梁和希望，肩上承载着传播传统文化的重任，多学习，多了解，多深入，对于增强学生的文化自觉和文化自信大有裨益。

5. 教师对太极拳课程的认同度

在对河南省高校师生进行的抽样调查中，认为在高校开设地方太极拳课程非常必要的教师占55.3%，学生占33.2%；认为必要的教师占23.4%，学生占29.2%；认为无所谓的教师占12.8%，学生占28.3%；认为没有必要的教师占8.5%，学生占9.3%。如图7-2及图7-3所示，河南省高校师生对开设太极拳课程持认可态度的均超过60%，教师对太极拳的认可程度高于学生，这自然源于体育教师对太极拳的认知度更高、健身愿望更强。所以在河南省高校开展太极拳教学的基础条件是具备的，要想更好发展太极拳教学，还有很多工作要做。

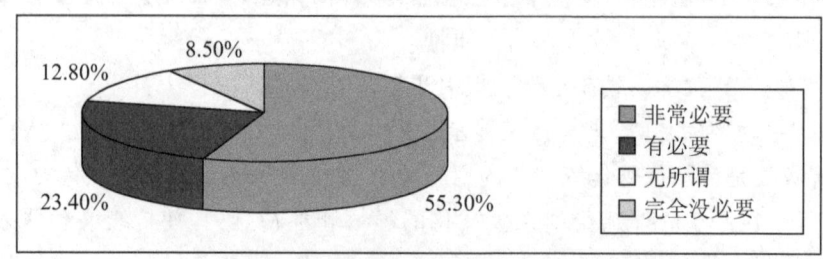

图7-2 体育教师对太极拳的认可程度

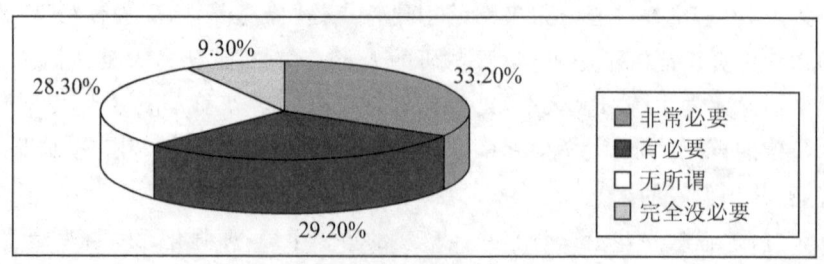

图7-3 大学生对太极拳的认可程度

调查得知,尽管太极拳教学早已进入大学课堂,但从调查状况来看,大部分学生对太极拳的学习不够深入,没有感受到太极拳文化的博大精深及奥妙之处,只是为了考试,能拿好成绩,取得好名次,获得奖学金,没有从内心体会到太极拳的魅力所在。对高校学生而言,选择太极拳项目的原因有对中国传统文化的敬仰和修身养性的需求,但学生对太极拳的了解主要来源于武侠作品,在现实中极少能接触到,所以有些学生认为太极拳不实用,不适合年轻人练习,是中老年人专属的运动。

这些问题都说明民族传统体育与当代大学生的学习锻炼没有衔接好,两者之间是有间隙的。学校是体育开展的极好阵地,大学生走向社会前接受的最规范的体育教育是在大学阶段,大学体育教育是体育动作规范化、普及化的必由之路。对中华优秀民族传统体育——太极拳项目的调控,可以通过高校这个大舞台来实现,从而大力宣扬民族传统体育。

为了更全面地贯彻落实《关于实施中华优秀传统文化传承发展工程的意见》的精神实质,弘扬河南优秀传统文化,河南省也下发了《关于弘扬民族传统体育进一步加强校园武术工作的通知》(豫体〔2014〕22号)文件及《关于加强武术进校园工作的通知》,这些举措足以说明现在民族传统体育的传承多么重要,从中央到地方,都在重视传统体育。因此,学校领导要高度重视,多渠道多样化地宣传、普及传统文化,使太极拳成为学生终身受益的运动项目。

6. 教师对太极拳的热爱程度

热爱是最好的师傅,最好的老师。对事情的热爱及兴趣度,是学习的关键所在。只有喜欢了,才会用心去学,去揣摩,才会学得进去。休谟说:"有爱好希望及快乐的癖性,那是真正的财富;有喜好恐惧及忧虑的癖性,那是真正的贫穷。"这些都是谈论兴趣、爱好的。我们对教师是否喜欢太极拳进行了调查,具体情况如图7-4。

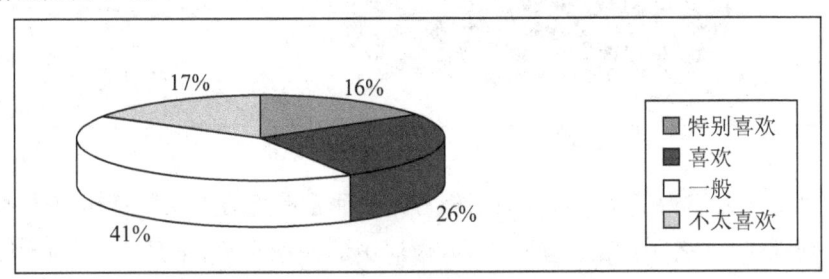

图7-4 教师对太极拳热爱程度调查

在调查中发现,特别喜欢和喜欢的占42%,不太喜欢的占17%。总体来说,大多数教师还是喜欢太极拳的,特别是中年以上的教师,因为他们深深体会到太极拳对个体身心健康以及群体的和谐共处有着极为重要的促进作用,以及其具有修身养性、陶冶情操、强身健体、益寿延年的功效。也有一些教师会打太极拳,但所了解的太极拳文化内涵并不深。特别是年轻教师,了解得很少。

作为一名高校教师,为了让学生沉浸于你的课堂,感受你的教学艺术,就需要勇于实践,深刻思考,善于总结,让教学充满魅力,从而提高教育教学效果。如太极拳练习中,无论是关节操、套路、桩功等都要求两脚开立,与肩同宽。两脚与肩同宽是两脚外侧、内侧还是中间,许多人却讲不清楚。要提高学生兴趣就要反复研究,弄明白应该是双肩(肩峰喙)的垂直线正好是双足的内侧距离(即内切圆),也就是双足内侧与肩同宽,这样做可以使"膝开裆圆",如果过宽或过窄都会使膝负重,引起疼痛。另外两脚开立时要使足尖稍外摆,夹角为45度,膝尖与足尖一致,否则易导致"夹裆"或"裆不圆"。"膝开裆圆"做起来会更科学合理,学生就会渐渐感兴趣。

"热爱是最好的老师。"激发学生学习兴趣的方法很多,只要我们有恒心,有行动,相信一定会找到更好的办法,让学生快乐地学习。

7. 学生的学习动机

学习动机是学好知识的前提。调查得知,学生学习的想法多种多样,表现不一,如图 7-5 所示,40%是为了掌握运动技术,学会练太极拳,35%是为了获得成绩,拿奖学金。学校开设太极拳课程,就说明这个课程重要,要求学生们了解和掌握。大部分学生还是认真学习的,学习结束后,能够顺利地通过体育测试,从而获得好的成绩,但也有个别学生,学习不踏实,到最后考试时突击练习,动作不熟练、生硬,这种学习方法是不可取的。

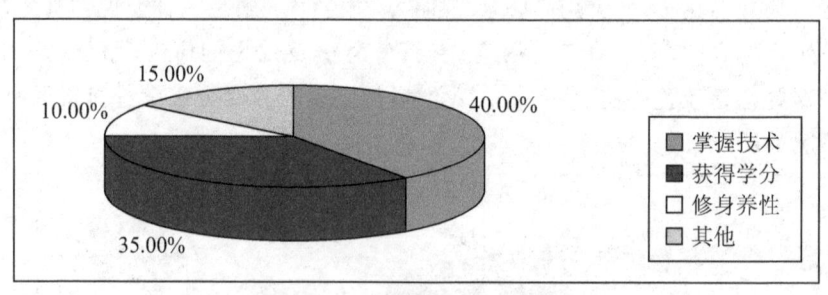

图 7-5 学生学习太极拳的动机

动机是人们为了既定目标而去努力的一种心理活动。有人说,活着如果没有任何动机,那么他们在世间行走,就像河中的一棵小草,不是行走,而是随波逐流。如果学生的动机是获得学分,那么他的动力就是及格就行,这与我们开设这门课程的动机就违背了。高校是太极拳运动发展的好阵地,不受场地、年龄、性别等的限制,同时由于高校担负着文化传承的责任,所以高校在武术文化的传播中的地位举足轻重。高校开设太极拳课程符合终身健身的体育思想。

在被调查的150名学生中,对太极拳有浓厚兴趣并且愿意学习太极拳的学生只有39名,39名学生中有21名在中小学就接触并练习过太极拳;不讨厌并且在老师的督促和学分的压力下能完成太极拳学习的学生有86名,余下的25名非常讨厌太极拳。这说明太极拳的兴趣培养要从中小学就开始,中小学阶段就应打破对太极拳的陌生感和神秘感,大学阶段对太极拳产生浓厚兴趣并将其发展成为终身体育便水到渠成。太极拳爱好者对群体成员的带动作用非常大,这种影响随时随地,比每周两个课时的太极拳课效果更好,进步更快,影响更长远。对终身体育目标来说,这种潜移默化的影响比培养大师级的教师更重要,可行性更强。

7.3 影响高校太极拳教学效果因素分析

7.3.1 教师的敬业精神

敬业精神是对一个人的忠实评价,这是一种职业道德,是一种奉献精神。教师的职业道德规范上明确要求:教师要努力学习、潜心科研、为人师表、教书育人、教风优良、团结合作、爱岗敬业、改革创新。但随着社会环境变化,市场经济引发的责任意识缺失和社会道德危机,导致一些教师缺乏应有的敬业精神。而敬业精神的匮乏,直接影响教师的业务能力的提升。

7.3.2 教师的职业态度

态度决定成败。成功的第一个条件就是要有决心,而决心要下得迅速、果断,同时还必须有成功的信心。理想使你微笑地观察生活,倔强地反抗命运等,这些信心和理想就是职业态度。教师的职业态度就是关心和关爱学生,对教育有强烈的责任感和使用感,脚踏实地,一丝不苟,诚实教书,为人师表。

教师教授太极拳时,要从自身做起,上课要穿太极服,播放音乐,这样一下子就把学生带进了太极拳课堂,然后通过自己的教学来引导学生学习太极拳、爱上太极拳、练好太极拳,从而养成好的锻炼习惯,为终身体育打下基础。目前是信息化时代,网上有关太极拳教学方面的内容非常多,学生们都可以通过网络来学习,与老师沟通,建立微信群、QQ群,这就需要教师体现服务意识,多与学生交流、联系,这样学生学习起来会更感兴趣,这样的教学目标显然有利于现代教育发展的理念。现代教育教学研究成果,很多优秀的教学理论和方法要在课堂上经常展示给学生,这其中,教师的职业态度十分重要。

7.3.3 教师的职业技能与培训

教师必须具备较高的职业技能,这是对教师的基本要求。对担任太极拳课程的教师进行调查,结果显示:大部分教师在本科或研究生学习中不是学武术或太极拳的,对这方面的了解不是太多,没有武术基本功,教授起来不是非常得心应手,动作不是太规范,从外形上没有很好地吸引住学生,导致学生学习的兴趣不浓。

在调查的教师中,大部分教师并非武术专业,参加培训的次数和时间也不多,参加太极拳培训的老师大部分本身就是武术专业的老师,其他专项的体育教师单纯依靠太极拳培训收效甚微。太极拳教师主要靠课余通过教学视频自我培训后上岗教学,有的边教边学,边学边教,自己还一知半解,就开始讲解示范和纠正错误动作,效果可想而知。即便如此,这些教师和学校还是重视太极拳的,比那些只是在口头上喊的学校和教师来说已属先进。如每年暑假,河南理工大学作为河南省教育厅委派学校对高校教师进行太极拳培训,培训效果不尽如人意。其中很重要的原因就是教育厅强调不够,有的高校也不重视,大家爱来不来,结果可想而知。好在这种现象已经引起了有关部门的重视。如2016年12月由河南省教育厅、体育局联合下发《关于举办河南省第二期健身气功高校师资培训班》的通知,要求省内各高校推荐一名具有一定运动基础的在职教师参加培训,培训期间不得迟到、早退。对无故不参加者,省教育厅和省体育局将联合进行通报。培训时,进行现场签到和签退,专门有人考勤、监督。培训后又进行了考试,颁发结业证书。效果甚佳。

7.3.4 太极拳教学优势

太极拳以中医经络学为基础,讲究强身健体,防身自卫,修身养性,可通过练习来调整呼吸、气息、意念等生理机能,使人们能够气血运行通畅,内循环运行好,从而达到身体免疫力强、抵抗力强,减少疾病的目的。太极拳对场地环境要求较低,易于开展,既锻炼身体,又修身养性,练习方法正确的情况下较少产生伤病,更符合体育与健康的教学理念。太极拳还能增进练习者之间的交流,强化归属感,对校园精神文明建设及社会和谐有促进作用。随着特色办学、传承民族文化的呼声高涨,高校扩招带来的场地、器材等设施短缺问题短期难以彻底解决,开设太极拳课程,使之成为大学一年级体育课程的必修课,已经成为高校的必然选择。

高校太极拳课余时间需要有骨干学生引领练习。在河南高校学生中,有部分学生是从小就接触过太极拳的,所以在学练过程中能够起到带头作用,能随时随地对身边的同学进行指导。调查中发现接触过太极拳的学生大多来自焦作地区。

7.3.5 学生学习的兴趣度

学生的兴趣度与自身有关,是否了解太极拳,是否关注和查阅过相关的书籍,是否看到周边或身边有人练习太极拳,校园内太极拳协会组织的活动是否普及,学生是否需要考太极段位,等等,这些因素都会对学生学习太极拳的兴趣度产生影响。有一部分学生只为完成任务(拿学分,体验一下),学习上存在懈怠心理,即使花时间进行太极拳学习,学生自身的收获和进步也很有限。

学校要通过各种形式和手段,如不定时地组织比赛或活动,专家讲座,段位考试,或像河南大学一样组织万人太极拳比赛,及在运动会开幕式上组织大型太极拳表演等手段,来加大宣传,营造氛围,提高学生对太极拳的兴趣,调动学生学习积极性。

校园太极拳运动氛围和文化氛围对学生的参与度有很大影响。学生随时随地都能接触到太极拳,感知文化,习练拳艺,能有人带领和指导,做到拳不离手,才能取得进步。

积极组织或参与比赛也是提升学生对太极拳认知和兴趣的重要途径。根据调研,参加我省教育厅体委艺处组织的华光杯太极拳比赛的高校不多,每年有20所到30所高校,这说明高校的重视程度还不够,宣传力度还要加强。另外教师和教练专业水准不是太高,运动员的底子较薄,再加上如果没获奖,学校及领导慢慢地不够重视,这样恶性循环,导致参加比赛的学校越来越少,对推行全民健身计划产生了制约。太极拳协会的组织管理较散乱,学校支持力度不够,协会缺少经费和有效的组织管理,发展难以为继,参加比赛更难。高校应该配备专门的太极拳教师指导太极拳活动和太极拳比赛,这种指导是全面细致、随时随地的。

7.4 河南省高校太极拳教学的对策与建议

7.4.1 加强体育师资队伍建设

太极拳师资队伍建设应从两个方面入手:一是政府部门要高度重视,加强体育学院及太极拳学院,培养一批专业人士来扩充太极拳师资的数量和质量;二是强化队伍素质,大力支持教师参加太极拳培训,提高教师职业素质和技能,打造一支高素质教师队伍。

要科学制定对太极拳教学人员的培训计划:今年哪些教师去?主要学什么?多长时间?去哪些地方?这些问题都要进行考察,不能随随便便,好像交差应付一样,这样起不到培训的效果。同时要对教师进行教学方法方面的培训,鼓励教师多思考教学方法,在教学方法上下功夫,提高自己的课堂教学质量,另外要鼓励横向学习,多向其他学校的教师学习,提高自己的心得,这样慢慢地加上自己的刻苦钻研,课堂效果才会好,才会让学生喜欢上自己的课。因此,太极拳教学要内外兼修,通过你的课堂让学生充分感受到太极拳的美妙,体会到太极拳丰厚的文化内涵,进而产生强烈的求知欲,主动参与到太极拳教学中来。

7.4.2 提高学生对太极拳的认识

对太极拳,大学生在认知上存在误区,认为它动作舒缓,节奏慢,是属于中年人、老年人的运动,故而不感兴趣。事实上,国家非常重视民族传统文化的开展,要求优秀传统文化进校园,进课堂。目前河南省的中小学都要开展太极拳教学,开展丰富多彩的太极拳活动,以传播优秀传统文化,加强太极拳理论和文化的了解和学习,提高学生认识水平。太极拳的形象比喻就是画圈,圈由大到小,再由小到大,使身体协调,气息通畅,动作连绵不断,重心虚实分明,路径清晰,从而慢慢地提高乐趣和自觉性。重视校园太极拳文化氛围的建设,加强太极拳活动的组织力度,同时各高校可以举办校外或校内太极拳竞赛活动,给学生自我展现的机会,扩大太极拳在校园的影响力,提高学习的自觉性。

7.4.3 努力提高教师专业水平

由于河南是太极拳的发源地,所以河南各高校的体育教师大部分都教授过太极拳,只是水平高低有差距,有的能得心应手,有的则力不从心,这就要求教太极拳课程的教师要根据自身情况而努力,熟练的要往精处下功夫,不熟练的要通过多练习、揣摩、看视频、交流、培训等方式来提高自己。同时,在教学中要借助现代化教学手段,运用网络下载一些相关视频,多看、多想、多练、多记,背熟套路动作,运用口诀记一些太极拳谚语,如四两拨千斤、刚柔相济、中正安舒、心静体松、舍己从人、借力打力等,这样有助于太极拳的教学。多媒体教学可让学生直观地观看太极拳动作、行走路径、用力点位置、手脚的摆放等,学生学起来会更方便、直接,再加上练太极拳时要放音乐,这样会进一步提高太极拳教学效果。

7.4.4 激发学生学习兴趣,转变学生对太极拳教学的认识

在太极拳教学中,调动学生学习太极拳的兴趣是非常重要的,兴趣的激发是成功的一半。教学中教师尽量多想办法,多创新一些学生们感兴趣的游戏,结合太极拳的动作展示出来,如画圈,我们平常是手臂画圈,能否由大圈变小圈,专门用手指画圈,正画、反画、顺画、倒画、上画、下画等创新一些方法来提高兴趣,从而丰富教学乐趣,保证教学顺畅。

教学中,可以缩减或只学习部分太极拳动作,不要局限于某一套路的完成与否,主要是让学生在学习动作中理解动作的由来、使用、作用,并专门请学生做示范,从动作及笑声中让学生体悟,这样学起来会好些,会快些。陈式太极拳的核心是缠丝劲,在课堂上应多练习手的缠丝、腿的缠丝、单手、双手、顺缠、逆缠、顺逆缠等,变化着花样,让学生感觉很好玩,在玩中去学习,这样就很好,学生也不觉得枯燥,效果就会出来,从而为终身体育打下坚实的基础。

7.4.5 改进教学方法

方法是活的,关键看如何运用。目前除常用的讲解法外,多媒体教学、网络频率等方法正在被大家所采用。教学中对动作要领的讲解不可少,在讲解中重点要解释一下这个动作的作用是什么,技击点在哪儿,找学生们实际演示一下,提高学习的观赏度。大学本科生大都是20~24岁之间,年轻人有活泼好动的习惯,都想露两手,因此学生对技击动作感兴趣,如果教几个实用的技击动作,那将会是他们的最爱。现在段位制考试除有规定动作外,又加了双人的推手动作,根据段位的高低来确定推手的难易,这实际上是增加了动手操作能力,从另一层面来说,是增加了对抗,提高了观赏程度,学生们学习起来会感觉有新鲜感,就会产生乐趣。

7.4.6 改革教学考核评价模式

太极拳课程教学方法和组织形式应在继承传统武术课教法的前提下,不断探索新的教学模式来提高学习兴趣。目前考试中经常会出现课堂随机考试,主要是检测一下学生平常是否认真学了,克服那种到期终考试时搞突击的模式。这是一种重平时重过程的考核模式。还有的考核重考勤,重平时布置的作业和及时完成情况,等等,这些方法都各有特点,教师可根据情况制定自己的考核模式。在太极拳考核中,参加段位制考试,专科必须通过三段,本科必须通过四段,加强标准化练习。高校实行太极拳段位制考试模式,可以完善目前高校体育太极拳考试运行机制,段位制结合以后的分数制,学生可以根据自身情况选

择,段位制考评一举两得,既修了学分,也取得了武术段位证书,同时提高了练习的积极性,淡化分数制考试中对分数的关注,专注于武术水平的提高。

段位制真正的目的是要普及和推广武术,普及武术不能走竞技的路。河南省是人口大省,也是大力推广太极拳的主要省份,目前在高职院校中,河南农业职业学院是一个段位点,每年考核两次,主要以初段位为主,一般两年进行一次中段位考试,提高大家的积极性。高校开展武术段位工作具有很多优势,应充分发挥自身优势,使之成为推进武术段位制的重要平台。另外段位制在高校的推广需要加大宣传力度,并体现获得段位制后的优势,使教师和学生了解段位制,通过自身努力,参与段位制考评。

将"段位制""互换考评员"引入课堂,创新太极拳教学评价模式,为高校太极拳教学改革寻求一条可持续发展的有效途径。目前,常规的太极拳考核办法是"考勤+期中+期末",学生的积极性不易调动起来。为了能调动学生的积极性和兴趣,一些学校已将段位制引进课堂。高职院校重点普及的是一段、二段和三段,本科重点普及四段,共同推进段位制的开展。另外,将考评员分为不同组。为了体现公平、公正,自己任课班级由其他考评员考核,这样就断绝学生的侥幸心理,不下功夫练不行。将"段位制""互换考评员"引入课堂的太极拳教学评价模式,这是高校教学改革的有益尝试,值得借鉴学习。

总之,作为教太极拳的体育教师,应将理论与实践充分结合在一起,既有动作,又有技击,既有单人练习,又有双人推手,既有连绵不断,又有迅猛发力,既有上体运动,又有上下肢的配合,这样学生学习起来就不会感到乏味,从而发挥学生的主体作用,提高教学效果,进一步促进全民健身计划的有力实施。

第 8 章 河南省民间太极拳传承

在人们越来越注重健身养生的今天,太极拳这一中国武术奇葩以其特有的健身养生及博大精深的文化内涵,为越来越多的人所喜爱,成为中华文明的一种符号象征。目前,中国太极拳事业的发展正处于传承交接时期,既有"四大金刚"又有"八大天王",还有众多的中青年太极拳名家,他们既有理论技能,又有激情活力,正用自己的辛勤努力,力擎着太极拳的半壁江山,描绘着世界太极拳发展的美好未来。

为弘扬太极精神,传承太极文化,2011 年 4 月,中华太极拳传承谱系编纂委员会、温县太极拳传承人联合会、温县太极拳研究发展中心、《中华太极拳》杂志社和温县非物质文化遗产保护中心主办,太极网、古温大河网、中华太极拳网、中华太极拳传承网等联合承办了"中华太极拳杰出传承人"评选活动。作为太极盛事,此活动引起了广大拳友的极大兴趣,"群芳报春,百舸争流",令人欣慰于太极拳事业的蓬勃发展、薪火相传。此活动促进了传承人之间的相互交流,加强了传承人的武德建设,提高了传承人的综合素质,以凝聚更多的合力,从而助推太极拳在世界范围内更广、更深地发展。

8.1 河南省各地市太极拳馆

8.1.1 开设情况

1. 豫中拳馆开设情况

(1)河南陈正雷太极文化有限公司

成立于 2000 年 10 月,前身为"河南太极体育健身有限公司",由太极拳发源地——中国温县陈家沟陈氏十九世、太极拳第十一代嫡宗传人、中国武术八段、当代中国"十大武术名师"陈正雷及夫人路丽丽发起成立。公司以大力弘扬太极文化为宗旨,大力宣传陈式太极拳,传播太极文化,开发太极产业,为陈式太极文化走向世界做出了突出贡献。

(2)郑州陈正雷太极拳馆政六街馆

陈家沟陈正雷太极拳馆政六街馆是"中国·陈家沟陈正雷太极拳馆"总部设立在郑州的主要场馆之一,以传播、推广陈式太极拳及其蕴含的厚重的传统文化思想为己任。由陈氏二十世、陈式太极拳第十二代嫡宗传人、著名太极拳大师、当代陈式太极拳领军人物陈正雷大师之子,有"太极少帅"之称的陈斌担任总教练;王小坡、任收、徐照等担任主教练。

总教练陈斌是国家一级拳师,自五岁开始师从父亲陈正雷大师习练家传拳术至今,功架纯正,拳械纯熟,并对武术理论及相关传统文化有较为深刻的认识。

(3)河南东武太极文化传播有限公司、郑州东武太极研修院

该机构由陈式太极拳第十二代传人、中国武术七段、温县太极十杰之一、国际太极拳文化传播大使张东武与夫人徐勤兰于2009年发起成立,以"传承国粹、分享健康、研习太极、修炼身心"为宗旨,张东武亲任总教练,传授秘传陈式太极拳械套路、养生功法及推手等技法。研修院的成立与发展得到了社会各界的支持和关注,在河南开封、广东深圳、东莞、茂名、惠州、浙江建德、四川南充乃至法国都有分院。在郑州总院的指导下,该研修院为太极拳文化在当地的传播做出了积极的贡献。"东武太极研修院"目前已成为陈正雷太极体系中的一支重要力量,并迅速进入国内太极培训著名品牌之列。

(4)河南德明太极文化传播有限公司

总教练是陈氏太极拳第十二代传人、陈正雷大师入室弟子、世界非物质文化遗产传承人徐晓明。徐晓明是中国武术六段,国家高级社会体育指导员,河南省陈氏太极拳协会常务理事,陈氏太极拳百名拳师之一。他从小就练习陈式太极拳,拜师陈正雷大师,并得到大师的多次指导,技术精湛,得到了人们的广泛好评。

(5)河南正道太极文化发展有限公司

该机构由陈峰发起、创立并任馆长。陈伯祥任总顾问,柴庆玉任总教练。陈峰是陈家沟陈氏第二十世、陈氏太极拳第十二代传人,嫡传当代太极宗师、陈式小架太极掌门人陈伯祥。陈峰自幼随父辈习武,1987年在陈家沟学习陈式太极拳大架,后拜陈伯祥为师学习陈式太极拳小架,精通陈式太极拳理论、套路、器械、推手。在承袭世代家传武学的基础上,他又继承了陈式小架太极拳。

总教练柴庆玉是陈氏太极拳第十一代传人,陈伯祥大师入室弟子,一级拳师。1993年任哈尔滨少林武术学校办公室主任兼散打主教练,培养出数位全

国散打冠军。

(6)郑州龙腾太极馆

该机构于2011年3月成立,由张振龙创立并任馆长兼总教练。张振龙是陈式第十三代传人,师承张东武。中国武术七段、中华太极优秀传承人、温县陈式太极拳研究会理事。1984年跟随温县招贤镇梨园村王思恭练习赵堡太极拳;1989年跟随本村拳师陈小旺入室弟子张中伏学习陈式太极拳新架一路、老架一路、太极推手;2005年跟随太极拳名家张东武系统学习陈式太极拳各种套路、器械及推手技法,后拜张东武为师。

(7)南街村太极拳俱乐部

孟凡担任俱乐部主任、总教练,他师承陈式太极拳十九世嫡宗传人陈自强。2009年成功组织举办临颍县首届太极拳比赛,带动太极健身人群千余人,为太极文化在颍川大地的传播做出了很大贡献。2009年参加中国人民对外友好协会主办的中国河南国际太极拳文化研讨会,被授予国际太极拳文化传播大使称号。同年被中国太极拳文化研究基地授予太极拳名师称号。2011年在家乡创办河南孟凡太极拳馆,其事迹入编《中国太极拳优秀人才名录》《太极拳人物志》。

2. 豫北拳馆开设情况

(1)河南陈家沟国际太极院

该机构位于中国太极拳起源圣地——河南焦作温县陈家沟,由陈式太极拳"八大天王"领军人物陈炳创办。旨在传播陈式太极,为全人类健康服务。

陈炳出生在太极拳世家,获得过各种荣誉,是非常优秀的教练,辅导过很多太极拳爱好者。他师承陈小旺,目前有7位直系传人:陈德金、高立耀、郭冬雪、金仁明、李海鹏、王少保、辛春雨,数十次获得全国锦标赛太极拳和推手冠军及国际邀请赛冠军。陈有雷、陈金堂、郑赢全、陈铁柱等主教练年富力强,德才兼备,有多年教学经验,专业素质突出,深受国内外学生好评。

(2)王战军太极学校

该校位于太极拳发源地陈家沟。王战军创建并担任校长兼总教练。

王战军参加过国内外无数太极拳大赛,成绩优异,在武术界被人们称作"常胜将军"。他非常重视培养人才,在他的精心辅导下,培养出了近五万名太极拳爱好者,并力推他们参加各种太极拳比赛来锻炼自己,他的学生在比赛中也获得了无数荣誉。他特别重视对外交流与沟通,认为传播太极拳文化,开放才有出路,关起门来技术是不会提高的,对外开放是宣传太极文化、传承太极文化很重要的一方面。

(3)焦作市华夏太极拳俱乐部

该机构成立于2010年3月。由党国俊担任总教练,传授正宗陈家沟陈式太极拳、新架一路、新架二路、太极单剑、太极单刀、推手等太极功夫。

党国俊是陈式第十二代传人,师承陈小旺。他师从张其林,多年勤学苦练、潜心研究习练。并经陈小旺大师指点,深得太极真传,精通拳理、动作规范。擅长新架一路、新架二路、太极单剑、太极单刀、推手等太极功夫。他是中国武术协会会员,中国武术六段,国家一级拳师,一级社会指导员,现任焦作市陈小旺拳法研究会副会长,任焦作市陈式太极拳研究会辅导站站长。

(4)新乡合一太极武术馆(陈家沟太极拳学校新乡分校)

该机构由吴森、吴林正式创办于2014年10月,陈家沟陈式太极拳第二十世嫡宗传人陈自强为教学总顾问,是新乡市唯一一家专业正宗的太极拳培训机构。吴森担任馆长,吴林担任总教练。

(5)濮阳炎龙陈式太极拳馆

该机构由王炎龙担任馆长。王炎龙是陈正雷弟子,国家一级武术教练。

(6)濮阳冯雷太极拳馆

该机构由陈式太极拳第十二代传人冯雷于2011年创办。自创办以来,冯雷在濮阳和中原油田从事太极拳教学推广至今,并被多个企事业单位聘为太极拳教练。

冯雷是国家二级裁判,中国武术协会会员,连续五届获得中国焦作国际太极拳交流大赛陈式太极拳一等奖。

(7)濮阳市孙式拳研究会

该机构成立于2008年10月,第一任会长张文修,现任会长郭瑞卿。它的成立标志着濮阳市孙氏拳的传播与发展进入一个新的阶段。研究会倡导以德为先,以涵养为本,内主静心养性,外主锻炼体魄,为孙禄堂武学文化传播与群众体育事业的发展而努力。

(8)陈小旺济源太极拳养生健身馆

朱学峰担任常务副馆长兼总教练。朱学峰是国家一级拳师,国际太极拳文化传播大使,中国太极拳名师。

(9)济源东武太极研修院

该机构成立于2010年,由陈式太极拳第十三代传人申建军、陶惠霞担任总教练。

申建军是张东武老师入室弟子,陈式太极拳第十三代传人,焦作市太极拳名师,中国武术六段,中国武术协会会员,河南省武术协会会员,焦作市武术协会会员,曾获全国武术太极拳公开赛拳、剑双金,中国焦作国际太极拳交流大赛拳、剑双金。陶惠霞是张东武弟子,陈式太极拳第十三代传人,中国武术五段,中国武术协会会员,河南省武术协会会员,焦作市武术协会会员,曾获全国武术太极拳公开赛拳、剑双金,中国焦作国际太极拳交流大赛拳、剑双金。

(10)安阳殷都太极拳俱乐部

该俱乐部由陈汉菊和史晓明于2001年8月15日发起成立,是安阳市第一家手续齐全、程序合法的太极拳群众组织。现有会员1300余人。

(11)安阳华武武馆

该机构成立于1997年,是安阳体育局、民政局批准的一家正规武术馆,是中国武术协会会员单位,安阳市群众体育工作先进单位。由武术名家赵明远先生创建。赵明远师从中国著名武术家沙政和李子鸣先生,为二位武术泰斗的嫡传弟子,中国武术七段,八卦掌第四代传人,中国八卦掌内家拳名家。武馆设有武术、散打、跆拳道、太极拳、形意拳等。其教学理念是:以武悟道,以武树人,以武育人。

(12)陈式太极拳·(安阳)永弘养生馆

该机构创办于2015年11月,为安阳地区首家室内太极拳养生馆。由中国陈式太极拳掌门人陈小旺大师的入室弟子卢永红创办并担任馆长。原红旗为总教练并驻馆亲授。原红旗曾任少林寺、塔沟武校教练。

卢永红自幼酷爱习武,多年来坚持不懈地学习,后来精修于陈式太极拳门下,拜陈小旺为师,正式成为陈式太极拳第十二代入室弟子。

(13)滑县太极拳协会陈式太极武馆

该机构由滑县太极拳协会理事、活动部部长张怀仁为馆长,赵朝胜为副馆长,集练拳、养生、修身、研讨于一体,采儒道之精华,扬武德之内涵,树太极之风采,是滑县太极拳协会对外以拳会友的窗口。武馆紧紧依托国家政策的平台,进一步推动了滑县的全民健身运动。

(14)浚县太极拳协会

协会成立于1995年,下设6个太极拳辅导站,是集太极和文艺于一体的综合性强大团体。

会长张琳茹习练太极26年,多次参加国际性太极拳比赛,香港国际大赛太极剑金牌得主,焦作国际大赛太极拳、剑金牌得主,武术六段,她是中国赵堡太极拳研究会副会长,中国赵堡太极拳郑悟清太极拳第三代传人。

3. 豫东拳馆开设情况

(1)开封东武太极研修院

该机构隶属于河南东武太极拳研修院,由当代青年太极名家张东武(陈氏太极拳第十二代传人、陈正雷大师入室弟子)与夫人徐勤兰女士发起成立,张东武老师得意弟子李博任主教练。秉承太极大师陈正雷先生提倡的"弘扬太极,造福人类"的宗旨,以普及、推广、研修、传承太极文化为己任,系统传授陈氏太极拳械套路,陈氏太极养生功法,推手、散手等技法。

(2) 商丘陈式太极拳培训基地

2006年3月26日,陈式太极拳培训基地揭牌仪式在商丘市牡丹园绿地举行。著名陈式太极拳传人、陈式小架太极拳代表人物陈伯祥为培训基地揭牌。

为了进一步弘扬太极文化,振奋民族精神,商丘市的太极拳爱好者还建设了"太极文化网",与此同时,还开展了一系列的太极拳义务培训活动,以自己的实际行动为全民健身运动的发展尽一份力。

(3) 周口市武平陈式太极拳俱乐部

该机构是一所集健身、防身、修身养性功能于一体。教练卢武平是中国武术六段、河南省一级拳师。

4. 豫南拳馆开设情况

(1) 南阳一太极会馆

2016年11月19日会馆开业,隶属于世界陈小旺太极拳总会管理。马振珂任馆长。马振珂系陈小旺入室弟子,任南阳市健身气功协会副秘书长,还是卧龙区健身气功协会副会长兼秘书长。

(2) 驻马店翟文胜陈式太极拳培训中心

翟文胜担任总经理兼总教练,教授陈式太极拳24式、32式、86式,太极推手,太极擒拿等。翟文胜自幼习武,擅长少林拳、形意拳、拳击、散打、太极拳、太极推手、太极擒拿等功夫。1986年开始习练太极拳,1988年正式拜陈式太极拳第十代嫡系传人陈照奎宗师之高徒郑州张志俊大师为师,成为陈式太极拳第十二代传人。现任驻马店市太极拳联合会副会长兼秘书长、河南武林风国际俱乐部太极拳总教练、驻马店市六方武林风俱乐部总经理兼总教练。

(3) 驻马店驿城区赵松峰陈式太极拳培训中心

教练赵松峰是中国武术六段,国家一级拳师,国家一级裁判。他是陈正雷太极文化有限公司陈家沟(驻马店)太极拳馆馆长,驻马店市武术协会副主席,驻马店市陈氏太极拳研究会会长,是陈氏十九世太极拳第十一代嫡宗传人,中国十大武术名师,陈正雷大师的得意弟子。他自幼习武,曾学习少林、八卦、心意,历经十余年,后师承陈正雷大师系统学习陈式太极拳老架、新架、推手、器械及拳学理论。1988年开始传拳授艺。

5. 豫西拳馆开设情况

(1) 洛阳龙魂太极拳养生馆

该机构是洛阳市首家集太极养生技击于一体的武馆。总教练郑永红是陈式太极拳第十一代传人,自幼随太极拳第十代传人朱老虎大师习练陈式太极拳,深得太极之奥秘,精通各种拳架理论。自1999年开始在深圳、南京、广州、马鞍山、北京、安阳、濮阳、新郑、焦作等地授拳,弟子逾3000人,连续十年带队参加国际国内重大比赛,均取得优异成绩。2006年被河南省武术管理中心授予省一级拳师和优秀社会体育指导员。

(2)洛阳国兴太极功夫院

该机构成立于20世纪90年代末,总教练侯国兴师承陈庆州大师学习尊古太极拳传统功夫和刀、枪、剑、棍等各种器械,陈式太极拳第十二代传人,始终以弘扬、传承太极文化为己任,1998年起开始专业传授太极拳至今,国内外学员上万余人,门下弟子百余人,培养出太极拳专业教练十余人,在洛阳、郑州、天津、北京等地都设有教学地点。

(3)陈家沟太极拳馆洛阳分馆

2015年10月开馆,陈正雷任馆长。自开馆以来,依托庞大的陈正雷太极体系、专业的教练队伍、正宗的陈氏太极功法、一流的练功环境,深受广大太极拳爱好者的欢迎。在世界各地朋友的大力支持下,拳馆成立以来,已多次成功举办大型高级培训班,培训学员逾万人次,上百次在太极拳大赛中取得好成绩,在全球武术界有相当的影响力。

(4)王西安拳法研究会洛阳分会

全名为"太极文化交流中心暨王西安拳法研究会洛阳分会",成立于2017年3月21日,阎素杰担任会长。

王西安是陈式太极拳第十一代十九世传人,当代陈式太极拳代表人物之一,国家武术高级教练,首批国家级非物质文化遗产陈式太极拳传承人,国际太极拳文化传播大使。温县太极拳武术馆副馆长兼总教练,河南师范大学名誉教授,洛阳师范学院兼职教师,陈家沟武术院创办者。国家武术高级教练,一级裁判员。

(5)陈家沟陈式太极拳平顶山发展中心

该机构组建于2005年。2014年11月19日召开第一次会员代表大会,选举产生了会长、副会长、秘书长和理事,组成了以黄红召为会长的平顶山市陈家沟陈式太极拳研究会领导班子和第一届理事会。

黄红召是中国武术六段,国家一级拳师,中国武术一级裁判。他是陈家沟陈式太极拳第十二代传人,中国当代太极拳名家,陈家沟陈式太极拳百杰之一。陈家沟陈氏太极拳协会平顶山分会会长,陈家沟陈氏太极拳平顶山发展中心董事长兼总教练。

(6)平顶山市新城区太极拳分会

该机构成立于2015年6月27日。杨安担任协会主席。该机构为广大市民和习练太极拳者搭建了一个相互沟通交流切磋的学习的平台,标志着新城区太极拳发展进入了新阶段,太极拳友们的交流有了一个新的开端,太极拳爱好者由自发练习向有组织练习过渡,太极拳的普及以及推广将更上一个台阶。

8.1.2 河南省各地市拳馆开设情况分析

前面罗列的是河南省各地市拳馆开设情况,大体上依据所处地理位置将河南省分为豫中、豫北、豫东、豫南、豫西五大地区。掌握的信息难免挂一漏万,会有遗珠之憾。整体来看,各地区拳馆开设不平衡。省会郑州市及其周边拳馆数量多,馆长或负责人大多为太极大师或名家;焦作温县作为陈氏太极拳的发源地,太极拳活动发展蓬勃,并辐射周边县区,而其他各地市的拳馆无论数量还是质量都稍显逊色。一方面是热热闹闹的太极拳运动,另一方面暴露出来的问题也是显而易见的。

1. 主要问题

(1)拳馆的掌门人或执教者素质参差不齐,对太极拳的追求理念也有高下之别

有陈式太极拳"四大金刚"之称的陈正雷、朱天才等大师,常年奔波于海内外,辛勤传承太极文化,培育了大批弟子,为弘扬太极拳文化做出了重大贡献。但不容忽视的是,一些教练员专业素质不高,三段、四段、五段者居多,而高水平的六段、七段者较少。一些拳师急功近利,还有滥竽充数者,在一定程度上影响了太极拳的社会形象。

(2)部分拳馆过于商业化

在太极拳的传播中,不少的拳馆、武馆存在过于追求经济利益的倾向,以招收人数多少作为评价其成功与否的标志。不讲究太极拳传统,在社会上产生负面影响。

(3)传播平台的形式单一

虽然拳馆较多,但学员不多,单一的传播途径使得不少太极拳馆面临倒闭。仅就网络上的信息可以看出,有些拳馆内容丰富,消息迭出,办得有声有色,而有些拳馆新消息匮乏,呈日益凋零之景象。就陈家沟而言,太极拳教授多以家庭武校为主。这种办学模式属于私人办学,师资力量不够、生源欠稳定、学成期满出口途径狭窄等因素是制约其发展的瓶颈。①

(4)课程设置不尽合理

由于学员的年龄、身体素质、工作特点等众多因素的制约,拳馆上课时间呈

---

① 董聪敏:《陈氏太极拳文化国际传播的可视化路径分析》,《郑州航空工业管理学院学报》(社会科学版)2018年第8期。

现出较大弹性,而与此相匹配的教学计划、课程设置等不尽合理,很难实现其教学目标。

(5)德未行在艺之先

传统意义上对武德要求很高,强调习武要内外兼修。传统武术传承人对于后继者的武德修养有严格要求。只有经过长期接触和观察,品德高尚、为人谦和者方可被选为徒弟。而现代的许多传承方式则不可能对习武者做出这样严格的选择。[①] 徒弟若年龄小,可塑性强,还可日后造就培养;徒弟若属成人,品德操行如何,为师者又能在其后的德育培养中影响几何,都是未知或未尽知的。这些徒弟通过递帖,举行了隆重的拜师仪式进入师门,或者就是交了相关费用就算是弟子了。对武德考察的欠缺或忽视问题,应该引起拳馆掌门人的重视,否则对太极拳的传承是十分不利的。

2. 基本对策

鉴于以上存在的问题,我们认为应采取以下几个方面的对策。

(1)提高教练素质仍是当务之急、长远之需

各个拳馆对教练的选择要严把关。教练员是拳馆的招牌和形象代言人,其一言一行都代表了整个拳馆的形象,应该是德才兼备之人。还要注重对教练员的专业能力的培养。通过参加各省市地区举行的多种教练员、指导员、考评员培训学习活动,加强提升各教练员的内涵和素质。

(2)适应市场,将服务理念贯穿于教学中

针对不同的学员设不同的班级,制定不同的教学计划,实施不同的课程,尽可能地因材施教。开设课程要区分年龄、性别、身体素质,这样更有利于学员的学习,吸引更多的学员入馆习练。另外,收授徒弟要严格程序、规范资格,宁缺毋滥。同时,作为拳馆,还要特别注意听取和吸收学员的意见,本着有则改之无则加勉的原则,不断提升完善拳馆的经营水平。

(3)利用各种平台,加大宣传力度

通过积极主办或承办一些活动,为太极拳造势。同时,要主抓少儿、中小学生、大学生、白领等群体,宣传要进学校、进社区,同时可定期或不定期选派教练学员到社区、学校免费教拳,做好普及工作,为拳馆赢得更广阔的发展空间。

(4)地方政府及相关管理部门要强化监管、督导

教体局、民政局、武协等管理部门要强化对拳馆的审批、督导、培训等方面的管理,促使拳馆持之有度、守之有道、教之有方,向规范化、科学化、可持续方向发展。切忌放任自流、听之任之。

---

① 刘竞红:《渭南市传统武术传承与发展研究》,《渭南师范学院学报》2017年第12期。

8.2　河南省各地市广场太极拳

无论拳馆、俱乐部、协会等,常常都是由水平较高的教练指导,大都以收费、短期培训形式进行,而广场太极拳则不然,或公园,或广场,或社区,只要有一片小天地,人们就可以进行习练。习练者皆是自愿自发聚集而来,成员年龄偏大,由体育指导员免费指导。这是太极拳爱好者聚集的场所,是推行全民健身计划较好的地方。

8.2.1　广场太极拳开展情况

1. 豫中广场太极拳

(1)郑州中牟河南农业职业学院中心花园

河南农业职业学院教职工30余人在学院中心花园习练太极拳,已坚持6年有余。他们每天练太极拳,自觉传承太极拳文化,已成为校园一道靓丽的风景线。

(2)郑州中牟新世纪广场

参加人数众多,有太极拳老师教授,已坚持多年。

在世纪广场调研时,有一位老先生说得好:"传承和发展中华传统文化是树立文化自信,实现中华民族伟大复兴中国梦的必备条件"。一个国家、民族的崛起,必然伴随着文化的崛起,而文化的崛起必须建立在继承和发展优秀传统文化的基础之上,离开了传统文化,无异于"舍舟楫而绝大川,弃良犬而奔脱兔"。

(3)郑州市广场太极拳

2017年3月至8月郑州市武协开展了全民健身武术义务教学活动,各县(市)区武协、委员会、拳馆、辅导站的所有人员都积极参与进来,走向广场、公园、社区、机关等地,去普及、推广。酷暑之日,骄阳似火,大家汗流浃背,人们不怕苦,不怕累,全身心投入,用情用意,倾洒着那份执着。在郑州市的许多广场,都会看到太极拳习练者的身影。

(4)许昌市广场太极拳

多年来,许昌市太极协会积极普及、推广太极拳,在全市培训多个晨练广场、站点辅导员,大家积极响应市体育局"每天锻炼一小时,健康工作五十年"的号召,引导广大市民练习太极拳、太极扇,追求健康幸福的生活,让和谐美妙的太极韵律在小区、广场、机关、学校"动"起来。许多市民已养成了早晚锻炼1小时的良好习惯。

(5)漯河市广场太极拳

漯河南街村太极拳协会每年都组织一些形式各异的太极拳活动。目前,漯河市已成立太极拳社团42个,建立太极拳辅导站点400余个。在广场、街心花园、公园、社区等公共场地开展活动,为广大太极拳爱好者提供了一个锻炼、展示、交流的平台。

2. 豫北广场太极拳

(1)焦作

太极拳发源于陈家沟。在这个仅有2000多人的小村落里,太极拳世代传承,经久不衰,使得陈家沟历代太极拳名家辈出。目前,陈家沟有60多家武馆、武校,成为全省乃至全国太极拳武术人才输送基地。

2015年10月18日,河南省焦作市倡议发起了"共享太极,共享健康"世界百万太极拳爱好者共同演练活动,挑战世界吉尼斯纪录。据统计,此次活动涵盖国内外50多个城市,全球有十万余名太极拳习练者集中演练,百万名太极拳爱好者分散演练。其中,国内包括北京、上海、天津、西安、石家庄、深圳等30多个城市;国外包括巴黎、华盛顿、纽约、洛杉矶、墨尔本、新加坡等近20个城市。

每年,陈家沟都会迎来一批又一批从全国各地来的太极拳爱好者,他们在这里学习太极拳理论,领悟太极文化的真谛。尤其是节假日里,无论是在陈家沟的太极拳武校,还是在陈家沟的角角落落里,随处可见习练太极拳的身影。

习练太极拳已经成为太极拳发源地温县人民生活的一部分,每天清晨,温县文化广场都有近百名太极拳爱好者习练太极拳。一些太极拳名家如李利清等坚持在温县文化广场免费授拳,吸引了众多晨练者前来学习太极拳。

(2)安阳

2017年4月21日上午,我们在安阳市人民公园调研,那里正在举行以"绿色安阳健康安阳"为主题的活动,安阳市殷都太极拳俱乐部精彩的表演赢得了现场观众的阵阵喝彩。陈汉菊主席说:"我们练习太极拳,不仅锻炼了身体,更重要的是要推广和宣传太极拳,使人们在休闲逛公园、赏花时能欣赏到高雅精彩的太极拳,使太极拳活动更好地融入我们的生活中,进一步提升太极拳对社会的贡献。"

在安阳万达广场,人们举行太极拳活动已是寻常事情。由此可见,太极拳已渐入人心,融入生活,发展成为一项群众参与最广泛、最具有积极影响的体育活动之一。

(3)濮阳

濮阳市孙式太极拳研究会的集中晨练、濮阳市太极拳协会举办的"杏林杯"濮阳市太极养生交流大会、濮阳市第十九届太极拳交流赛等活动常常在市政府综合楼广场举行。各种太极拳活动精彩纷呈,对于促进濮阳群众性太极拳活动,推动濮阳群众性健身活动的持续健康发展具有重要作用。

(4) 鹤壁

2017年8月8日上午,浚县教体局、体育总会举行以"健身每一天喜迎十九大"为主题的2017全民健身日活动启动仪式,组织重点示范性体育健身活动项目展示,喜迎第九个全民健身日。

(5) 济源

为了进一步开展全民健身运动,倡导健康生活理念,本着"传承国粹,分享健康,演习太极,修炼身心"的宗旨,济源市面向各产业集聚(开发)区、各镇(街道)、市直单位、市重点企业、高等院校、各体育协会、各全民健身站点,征集到太极拳爱好者200余人。由市委老干部局、市体育局、市老年人体育工作委员会主办的陈式太极拳竞赛套路(56式)培训班,在位于凯旋城的陈小旺太极养生会馆开班,教学专业太极拳。这些活动对推动全民健身起到良好的促进作用。

3. 豫东广场太极拳

(1) 开封

开封历史悠久,文化底蕴深厚,太极拳在开封有着广泛的群众基础。开封人习练太极拳以陈式和杨式为主,兼有吴、武、孙、和等其他太极拳,流派纷呈。陈式太极拳中以陈式小架为主,这是开封太极拳运动的特色之一。

(2) 商丘

太极作为中华传统文化的一大精华,受到商丘广大市民的热爱,这不仅是源于河南是陈式太极拳的发源地,还因为它具有强身健体、凝神静气、缓解疲劳等诸多功效,早已成为民众养生的不二之选。

(3) 周口

2017年3月11日,周口市陈式太极拳研究会成立。该研究会依据《全民健身计划纲要》精神,推广陈式太极拳,培养优秀的太极拳运动人才,促进太极拳运动健康发展。孙启祥担任研究会会长,崔二龙任秘书长。在研究会的推动下,群众性太极拳活动在各个广场、公园全面展开。

4. 豫南广场太极拳

(1) 南阳

南阳是个福地,人才辈出,而且人们注重健身。南阳的太极拳点非常多,大部分是在公园、广场等空闲区域,只要是一片比较平整的空地方,都可以成为人们练拳的地方。据调查,南阳市城区里有40多个陈氏太极拳练拳点,基本上大一点的游园都有。

(2) 驻马店

市区广场、公园都能看到太极拳习练者的身影,如新世纪广场就是一片太极的海洋,这里每天都聚集着许多人,大家练习太极拳都十分认真专注。

(3)信阳

经典花园的广场上,人们在老师的带领下有模有样地练习太极拳,只见大家并脚直立、开步站立,动作柔和、缓慢,学得有模有样。老师说:"马步要扎牢,膝盖与脚尖方向一致,握拳不能太紧,动作要缓慢、有力。""以前打太极拳都是自己摸索的,很多动作做得都不到位。"平时就爱打太极拳的张奶奶说,以前很多误区在老师的悉心教导下得到了改正。社区工作人员说:"辖区居民较多,老年人需要强身健体,年轻人顾虑亚健康,社区里开展这些健身教学很有必要。"

5. 豫西广场太极拳

(1)洛阳

在洛阳市的许多广场、公园,都可以看到太极拳习练者的活动身影。在有关部门的倡导下,太极拳活动全面展开。

(2)三门峡

2010年6月9日至11日,三门峡太极拳协会特邀"中国十大武术名师"之一、陈式太极拳第十一代传人陈正雷大师莅临三门峡进行讲学。陈正雷亲临传授太极拳,三门峡掀起太极拳旋风。

(3)平顶山

平顶山市太极拳活动丰富多彩,太极拳爱好者坚持习练,太极拳大师们不断切磋技艺,各种段位考评点纷纷出现,旨在提高水平,共同进步。

8.2.2 河南省各地市广场太极拳开展情况分析

为了更深入地了解河南省各地广场太极拳开展情况,我们以问卷调查的方式,对现状进行调查、剖析,找出对策及建议,以期促进广场太极拳事业的发展。

1. 现状调查

第一,活动的人群特征。目前广场练太极拳的人数,女性较多,占一大半,男性占40%左右,女性占60%左右;另外参与太极拳活动的主要人群是年龄稍大些的中老年人,25岁以下的比例很少,如表8-1所示。

表8-1 参与太极拳运动的人群年龄特征(n=450)

年龄	频数	百分比	排序
16~25岁	6	1.2%	6
26~35岁	13	2.7%	5
36~45岁	56	11.6%	4
46~55岁	124	25.8%	2
56~65岁	211	44.1%	1
65岁以上	70	14.6%	3

第二,活动项目。对活动项目进行调查,结果显示简化24式太极拳是太极拳健身的基本项目,杨式、陈式是人们练习的主要项目,其他项目也有,但较少,如开封和濮阳主推孙式,焦作练和式的也较多,赵堡镇练代理架的较多。另外地域分布也有差异,杨式较普遍,陈式在豫北和豫中较突出,孙式在豫东多些,和式在豫北多些,吴式和武式练习者不太多。

第三,活动的形式及途径。活动的形式状况大致是与同事或朋友一起,或经人介绍来练习的比较多,通过拳馆或交费这种途径练的人比较少,这与人们的传统观念相关,也是目前广场太极拳开展比较好的原因之一。

2. 情况分析

从总体上看,广场太极拳发展较好,但存在的问题显而易见——在太极拳健身理念的认知、技术动作的规范、管理机构与辅导的完善等方面有待提高。

第一,年龄差距较大。这和人们的健身理念有关,认为太极拳是年龄大的人练习的,中青年人想跑跳、打球、跳操等,不大喜欢缓慢的太极拳动作,导致中青年人锻炼太极拳的较少。

第二,健身观念跑偏。大部分人认为练习太极拳是年龄大的人的活动项目,动作缓慢,区域也不需要太大,柔缓松慢,这不是年轻人的锻炼风格,不如去跑跑步、跳跳操等。另外,太极拳练得行云流水,需要长时间的锻炼,短时间看不到效果,这也是年轻人不去练习的原因之一。这个观念需要更正,目前各中小学都已经开设太极拳课程了,全民健身运动的开展,需要全民来参与,共同传承优秀传统文化。

第三,活动场地受限。政府在基础设施建设方面虽已经投入大量资金来改善健身场所,但这与中国社会庞大的人口相比,特别是对人口大省的河南省来说,现有的健身场所还很有限,不能满足人们健身之需。

第四,缺乏组织管理机构。目前,太极拳运动有了一定程度的普及,各地都有不同程度的开展,但缺乏组织管理机构。广场教练员多为热心人,技术较好,时间较长,能大致讲出动作要领的,大家就推为教练员,不是正规的社会体育指导员。

第五,发展模式有待改善。目前,广场开展太极拳运动,大都是根据区域来定的,以就近为原则。练得好的,负责任的,在前面带大家练,发展模式还不够完善,需要有关机构来参与和监督,促进太极拳运动的开展。

3. 广场太极拳的优势

太极拳发展几百年来,经久不衰,而且辐射面、锻炼人数都在飞速递增,和其他运动相比,它有着自身的优势。

第一,动作简单易学。从外形上看,太极拳看着摸不着头绪,好像很难把握,其实真正接触太极拳会感觉没有想象中的难,还会感觉很有意思。练习者可以根据自己的水平选择不同阶段的练习,循序渐进地进行。另外现在书店有关太极拳方面的书籍、光盘很多,网上太极高手的教学视频非常多,可以跟着电脑、手机学,非常方便。

第二,运动强度可自我调整。太极拳是一项刚柔相济、快慢相接的运动,可缓慢运行,也可练发力动作,自我调整呼吸,在练习过程中,可随着音乐练一遍,也可练两遍,也可分段练习,根据自己的时间调整运动强度。但要特别注意膝关节的保护,刚开始膝关节微曲,很容易将重心放在膝关节上而没有放到脚上,这样会使膝关节感到疼痛,或损伤。因此,练太极拳时要讲究科学方法,根据自身条件调整运动强度,量力而行,一般不会发生损伤情况,这是太极拳人人可练的优点,符合人们健身的需求。

第三,对场地要求不高。这是广场太极拳最大的优势。太极拳不像其他项目,如篮球、排球、乒乓球等需要专业的场地来活动,它锻炼时对场地没有过高要求,只要不出现坑坑洼洼,平整就行。太极拳项目对场地要求不高的特点,是人们选择练习太极拳的重要原因,有利于扩大体育人口,推动全民健身。

第四,运动项目多样。几百年来,太极拳运动项目发展至今有六种较大派别。如陈式、杨式等,锻炼者可根据地域特点、个人喜好来选择。

第五,广泛的群众性。"从群众中来,到群众中去。""实践出真知。"太极拳项目是广大人民群众经过实践、实践再实践,学习、学习再学习而总结得出的,是无数人智慧的结晶。它是劳苦大众在劳动的过程中,与生产实践结合而创编的,如金刚捣碓、懒扎衣等都来源于实践。

第六,健身价值。太极拳主要注重气血运行,这对很多慢性病有治疗作用,如高血压、哮喘、心肺功能等。在长期的习练中,身体会慢慢调节,促进代谢,帮助身体恢复健康,提高免疫功效及抵抗能力,体现健身价值。

4. 发展对策

太极拳的作用得到越来越多人们的认可,但还存在一些问题与不足。为促使太极拳运动更好发展,结合河南省的实际情况,提出以下几点对策和建议。

第一,加强宣传。通过信息化手段来加强宣传太极拳的作用,使人们从看到的、听到的信息里或多或少地都能捕捉到与太极拳有关系的内容,慢慢地人们就接受了。

第二,加大基础健身设施建设投入。目前国家非常重视基础健身设施建设,要求村村有活动场所,有社区服务站,为广大农民提供健身服务,我们可以看到,村村都有健身器材、篮球场地、乒乓球场地等,这是利民安民工程,非常好而且非常有必要。

第三，加强体育指导员培训。体育活动开展得好与坏，与体育指导员有很大关系，一个人能带动一批人，一批人能带动一村人，能产生联动效应。另外职能部门要加大这方面的培训，增大投资力度。

第四，积极举办竞赛活动。举行比赛能极大地提高锻炼热情，人们都有争强好胜的心理，为了比赛，刻苦训练。人们并不是想得多少奖品，只是通过这个平台来加强交流，加强合作，共同提高。

第五，完善规则。任何一个项目的比赛，都有一套很完善的规则来执行。太极拳运动也应如此，针对年龄的不同，进行分年龄段的竞赛制度，这样比较公平合理，利于比赛的顺利进行。

5. 结论

一是群众基础好。河南是太极拳的发源地，太极拳运动开展得较好，群众也喜欢，这利于全民健身运动的开展。

二是均衡发展有待提高。一般情况下，经济好的地区，太极拳运动开展得较好，相反，经济不太好的地区，开展得不理想。政府有关职能部门要多调查，权衡各地经济状况，加大投资力度，推广太极拳。

三是要加强管理。多数太极拳练习点都没有职能部门的监督，活动的开展很松散，无法形成合力，政府相关职能部门要加强管理和监督，促进太极拳运动的良性发展。

四是要培养社会体育指导员，加强辅导，满足不同层次人群的参与需要。

8.3 各大拳种民间太极拳拳师传承

8.3.1 陈式太极拳

陈式太极拳是由陈王廷根据多年探索，将阴阳、经络、吐纳等结合在一起而创编的。陈式太极拳有大、小架之分，亦有新、老架之别。其他套路还包括器械和对练等。

陈式太极拳代表性传承人很多，主要有陈小旺、王西安、陈正雷、朱天才等。

1. 陈小旺

陈小旺(1945—)，河南省温县陈家沟人，陈家沟陈式第十九世传人，创办"世界陈小旺陈式太极拳总会"，是国际太极拳大师，陈家沟太极学校校长。曾任河南省陈式太极拳协会主席、河南省武术协会主席。

陈小旺自幼随父亲陈照旭习武，精通陈式太极拳理论、套路、器械、推手、散手。1980年以来，他曾20多次获重大比赛冠军，多次代表中国到日本、美国、新加坡等 30 多个国家交流、访问。多年来,他培养出了一大批国内外太极拳冠军和优秀太极拳手。

2. 王西安

王西安(1944—),温县陈家沟人,陈式太极拳第十九世人,国家武术高级教练,国际太极拳文化传播大使,首批国家级非物质文化遗产陈式太极拳传承人。

王西安桃李满天下,其弟子参加国内国际大赛获得金牌上万枚,自 1983 年以来他先后多次赴日本、法国、荷兰、西班牙、美国、瑞士等国家传授太极拳,其创立的王西安拳法研究会已遍布几十个国家及一百多个地区。

在法国授拳期间,得到时任总统希拉克的亲切接见,并被授予法国巴德纳市"永久荣誉市民"。在日本授拳期间,应邀到皇宫做客,并被授予日本大阪市"永久荣誉市民"。被美国的《美国新闻》誉为"国际太极拳王"。被西班牙班布鲁纳市政府授予"有突出学术贡献金钥匙"称号。

王西安先生著有《陈式太极拳推手技法》《陈式太极拳老架技击秘诀》《陈式太极拳老架一路》,他所示范演练的《太极神功》《陈式太极拳桩》《陈式太极单刀、单剑》《陈式太极拳新架》《综合太极拳》已被多个国家转译,传播到世界各地。

王西安先生是陈家沟老一辈拳师中唯一获得全国推手冠军者,是当代陈式太极拳卓越代表人物。

3. 陈正雷

陈正雷(1949—),河南省温县陈家沟陈氏十九世人,陈式太极拳第十一代嫡系传人,中国当代"十大武术名师"之一。陈正雷太极拳方面的造诣很深,被称为"太极金刚",现任河南省体委武术馆副馆长。

陈正雷把继承家传技艺、发扬太极文化作为自己终生追求。在练功授拳之余,陈正雷致力于挖掘整理太极文化,于 1984 年开始步入理论研究与写作领域,主要著作有《十段功法论》《陈式太极拳械汇宗》《陈式太极拳养生功》《陈式太极拳术》等。这些著作是学习研究太极拳的珍贵资料,部分著作被译成日本、英国、法国、西班牙等国文字,在世界许多国家发行。

4. 朱天才

朱天才(1944—),先后师从陈照丕、陈照奎,是陈家沟第一个正式到国外传拳、弘扬太极文化的太极大师。

朱天才虽然不姓陈,可是他的母亲陈富英却是陈家沟的陈氏后代,论资排辈,朱天才应该是陈家沟陈氏第十九代外孙。虽然出生在陕西省的西安市,由于外祖父陈广禄没有儿子,所以 1950 年,他就随母亲回到陈家沟,落户在外祖父家。

朱天才研究太极理论，挖掘整理陈式太极拳理论文献，结合自己的心得体会，在海内外出版发行了《正宗陈家沟太极拳》《于路炮捶》《陈氏太极拳入门》《陈氏新架一、二路》《秘传陈家沟太极拳歌诀》（手书版）等太极拳专著，还发表了《关于陈家沟太极拳套路的辨析》《太极拳的缠丝与抽丝》等论文。

5. 其他代表性人物

陈式太极拳的其他代表性人物还有陈全忠、陈伯祥、陈凤英、陈照森、陈庆州、陈小星、陈永福、陈立法、陈沛菊、陈桂珍、陈春爱、陈素英、王战军、陈炳、张东武、陈二虎、陈斌、陈大虎等。

8.3.2 杨式太极拳

杨式太极拳由河北省永年人一代宗师杨露禅及其子杨班侯、杨健侯，其孙杨少侯祖孙三代人苦心钻研，从陈式老架逐渐发展而来。其特点是构思细腻，编排合理，结构严谨，全面完整。架式舒展大方，速度缓慢均匀，柔中寓刚，内外兼修，老少皆宜。既有强身祛病之效，又是自卫技击之术。

杨式太极拳代表性传承人有：杨振铎、杨振河、韩清民、韩兴民。

1. 杨振铎

杨振铎（1926—），中国武术九段，当代太极拳名家，荣获"武林百杰"称号。曾出版《杨式太极拳剑刀》、英文版《太极拳》、《中国太极名师精典——杨式太极》，并录制出版了《杨式太极拳剑刀》教学录像带，这些图书、音像制品的出版，极大地满足了人们的练拳需求，促进了太极拳的发展。

他常说："要练好拳，必须肯下功夫，多实践，既不是高不可攀，又不是轻而易举的。良师不可无，二三知友常揣摩，就一定能把拳练得很好。"

2. 杨振河

杨振河（1953—），字元君，河北省永年县广府镇杨家巷人，中国武术七段，杨式太极第五代传师。师从武氏太极拳传人翟文章、杨氏第四代正宗传人杨振铎，深得两位大师真传。

杨振河是永年杨氏太极拳发源地职业太极武术家，自1992年以来，前来永年慕名求学太极拳技艺的有美国、日本、德国、韩国、意大利、瑞士、奥地利、法国、新加坡等国的国际友人。杨振河先生的国内外弟子，曾多次在国际赛事上获得数枚金牌和银牌。

杨振河先生是中国永年杨氏太极拳发源地总教练，杨氏太极拳第五代传师，日本永年杨氏太极拳协会名誉会长，德国永年杨氏太极拳学院院长，欧洲永年杨氏太极拳协会主席，新加坡传统杨氏太极拳协会技术顾问，河北永年县政协常委，邯郸政协委员。

3. 韩清民

韩清民（1957—）职业拳师，中国永年广府杨露禅太极拳学院院长，国家一级裁判。他是杨式太极拳第五代传人（太极泰斗傅钟文嫡传弟子），中国武术协会会员，任永年县太极拳协会副主席、河北永年太极拳年会总裁判长、中国国际太极拳联谊会总会副主席等职。

2004年9月1日应邀到香港参加慈善国际太极拳交流大会，获得太极名师贡献奖。2008年春应邀参加了中央电视台《走遍中国》节目组摄制的电视纪录片《被遗忘的古城》，曾数次获得国内外太极拳奖杯、奖牌。慕名前来拜师者络绎不绝，其中不乏远渡重洋的英国、美国、德国、新西兰、泰国、意大利、日本等国的外国朋友。在国内，前来拜师者更是不计其数，经过精心筛选，已有386位太极拳崇拜者成为韩清民先生入门弟子。其中有80人经过层层评判，被评定为国家二级裁判。

4. 韩兴民

韩兴民（1952—），永年广府南关人，杨式太极拳第五代传人。现任永年广府太极拳协会副会长，永年县太极拳协会副秘书长，杨澄甫太极拳学院院长。韩兴民六岁开始跟父亲学拳。先后拜太极名师傅宗元、太极大师傅钟文为师，又向西安的赵斌大师学习太极拳理论知识。

他常说："学武的要以德为先，德是武之魂，无德不立，德不好莫谈功夫。习武的人，不可故弄玄虚，哗众取宠，应团结同道，取长补短，实实在在地下功夫苦练，潜心修行，必成高人，否则，终为末流小技，难成大业。"这就是他的处世哲学。

8.3.3 武式太极拳

武式太极拳由河北省永年人武禹襄（名河清，1825—1893）所创。1852年，武禹襄亲赴河南，在赵堡镇跟陈清萍学习陈家沟太极拳小架四十天，尽得其精妙，并获赠《太极拳谱》，读后大悟。通过自身练拳体会，经数年研发，创编出一套"圈小劲捷，紧凑灵巧，术法分明，端庄洒脱"的新型拳术，后称为"武式太极拳"。

武式太极拳代表性传承人有翟维传、孙建国、钟振山等。

1. 翟维传

翟维传（1942—），河北永年县广府人，第五代传人。几十年来，一直致力于太极拳事业，担任了很多太极拳方面的要职。现任中国武术协会会员，中国武当拳法研究会顾问，中国焦作（温县）国际太极拳年会副秘书长，中国邯郸永年国际太极拳交流大会顾问，广东江门市太极拳联谊会顾问，北美洲武（郝）氏太极拳总会顾问,中国珠海国际太极拳交流大会技术顾问,邯郸市武氏太极拳研究会副会长,永年武氏太极拳研究会常务副会长,永年县太极文化商贸有限公司监事长,永年县维传武氏太极拳研究会会长等职。

翟维传一直不懈地进行太极拳理论研究,发表了很多太极拳相关论文,有的被收入《武当拳法探微》《太极各家谈真谛》及《太极拳论文集》等书中,他参加了《武式太极拳竞赛套路》的编排和审定工作,并任编委,他还协助恩师姚继祖出版《武氏太极拳全书》。

2. 孙建国

孙建国(1964—),河北永年人,中国武术七段,武式太极拳第五代传人,师承武式太极拳第四代嫡系传人李锦藩。孙建国是武式太极拳代表人物,中国武术段位制指导员、考评员。现任邯郸市峰峰武术协会副主席,永年县武氏太极学院院长。南昌理工大学和邯郸学院客座教授。他自幼爱好武术,1972年学武,1976年正式拜武氏太极拳第四代嫡系传人李锦藩先生为师,刻苦研练,数十年如一日敬师如父。2011年被中华太极拳传承谱系编纂委员会评选为"2010中华太极拳杰出传承人"。2013年参加天山武林大会被评为武氏太极拳掌门人。弟子遍布国内外。2004年出版《武式太极拳秘笈》一书,2005年已由人民体育音像出版社、广州俏佳人音像出版公司拍录系列VCD光盘《家传武式太极拳》五套。2005年入选国家体育总局体育文化发展中心主办出版的《中国体育年鉴》大型史册。

3. 钟振山

钟振山(1948—),河北永年县广府镇东街人,永年武氏太极拳第五代传人,中国武术八段。

钟振山是河北省永年武氏太极拳研究会副会长兼秘书长,邯郸市武氏太极拳研究会副会长,中国武术协会会员,北美武(郝)太极总会海外顾问。自幼酷爱武术,十三岁正式拜武式太极拳第四代传人、中国太极拳十三名家之一姚继祖大师为师,习练太极拳、刀、剑、杆(枪)、推手等。三十年来苦练不辍,演拳循规蹈矩,松静自然,独具静态之妙。历任三届中国永年国际太极拳联谊会千人表演总教练,获第三届永年国际太极拳联谊会武式太极拳法金牌,发表论文20多篇。1992年4月,被邯郸市武术协会评为太极拳一级拳师。1997年,被河南省温县太极拳年会评为太极拳名师。1998年,被永年太极拳联谊会评为太极拳大师。

8.3.4 吴式太极拳

吴式太极拳由满族人全佑(字公甫,1834—1902)所创。特点是松静自然,架式紧凑,缓慢连绵,不纵不跳,长于柔化。

目前吴式太极拳代表性传承人有李秉慈、张全亮、赵琴、白玉玺、周世勤、关振军、李廷海等。

1. 李秉慈

李秉慈(1929—),北京人,吴式第四代传人,师承杨禹廷。1949—1982年先后师从杨禹廷、常振芳、史正刚、骆兴武、单香陵、刘谈锋等名师,学习太极拳、查拳、大悲拳、形意拳、六合螳螂拳及程派八卦掌等。现为国家级社会体育指导员,一级武术教练员,中国武术协会荣誉委员和国家级裁判员。1995年被中国武术协会、国家体委武术运动管理中心评为首届"中华武林百杰"。1997年被评选为"中国武术段位制"首批七段。李秉慈创立了45式吴式太极拳竞赛套路,标志着吴式太极拳走向了一个辉煌的新阶段。

2. 张全亮

张全亮(1941—),北京大兴人,吴式第五代传人,中国武术八段。他1974年师从当代八卦掌名家李子鸣先生习练梁式八卦掌;1985年师从当代太极拳名家王培生习练吴式太极拳,多次参加全国武术名家理论交流和武术表演并获奖。现为北京市吴式太极拳研究会常务副会长,北京市八卦掌研究会顾问,中国艺术研究院东方人体文化研究中心特约研究员,香港世界武术研究会名誉会长。中国政法大学武术顾问,中国"功夫之星"全球电视大赛专家评委,央视体育中心特聘"武林大会"专家评委。

张老师不仅自己刻苦钻研和学习八卦、太极等武术套路、理论和技击精华,同时还把继续传播所学,培养下一代,让武术后继有人视为己任。现在,拜在张全亮老师门下的入门弟子已有120多人。张老师现为中国武术高段位八段。从1963年开始他坚持利用业余时间向群众传授武术和健身气功。他的弟子、学生遍布全球。曾担任WMA首届中国武术职业联赛副总裁判长,著述丰富,为中国首部太极拳技击教材编委(执笔)。

大师经常用这四句话鞭策学生:"拳术之道贵在精纯;成功之道贵在坚持;为人之道贵在诚信;育人之道贵在开窍。"现在这四句话已经成为某些武校的校训。

3. 赵琴

赵琴(1926—),北京人,为吴式太极拳第五代传人,师承王培生,广收门徒。

赵琴曾任吴式太极拳研究会会员,主要教授杨式88式、吴式37式及老架。近年从事太极拳理论探讨、易学阴阳哲理、西方生理学交互神经、中医经络穴位等研究,1993年任吴山国际太极拳北京分会副会长。

4. 白玉玺

白玉玺(1933—),北京人,吴式第四代传人,师承徐致一。

白玉玺精心辅导培养了一大批精英骨干,现在他们都在一线传承太极拳。他远赴海外,将吴式太极拳传播到了菲律宾、韩国、瑞士等地,任菲律宾世纪太极拳社总教练。他现在已80多岁高龄,还在授拳,弟子可谓桃李满天下。他先后收7批弟子共计50多人,并创立北京汇通武术社,任社长兼总教练,教授学员、会员数百人。白门弟子散布在全球各地。白玉玺兼具高瑞周先师的博大和徐致一先师的精深,不忘先师教诲,不忘课徒示范,励志传播中华传统武术的精神,此其德之大也。

5. 周世勤

周世勤(1941—),北京人,师承王培生,吴式第五代传人,中国武术八段。现任北京市武术协会委员、北京市吴式太极拳研究会常务副会长、北京市孙式太极拳研究会秘书长、北京武术院丰台分院常务副院长等职。

20世纪60年代初,曾多次代表清华大学参加北京市高等院校武术比赛,获得过形意拳第一名等奖项。1992年以来,培养的多位弟子、学生参加比赛,均取得良好成绩。

6. 关振军

关振军(1944—),北京市人,师承王培生。现任北京市吴式太极拳研究会副会长,焦作市吴式太极研究会武学导师。

关振军重视组织建设和拳理拳法研究。业绩显著,弟子众多。理论文章丰富,且有多篇前沿之作,如《神意不同处》等。

7. 李廷海

李廷海(1951—),师承马汉清,吴式太极拳第五代传人。现任大庆市武术协会副主席、北京市武术协会螳螂拳散手教练、北京市吴式太极拳研究会第四和第五届名誉顾问、国家武术一级裁判、国家级社会体育指导员。

1983年,李廷海被武术名家马汉清先生收为入室弟子,成为吴式太极拳第五代传人。2010年,在第七届中国烟台武术节暨中国传统功夫争霸赛上,他夺得六合螳螂拳、太极梅花螳螂拳、吴氏太极拳、吴氏太极刀四项比赛的第一名。

8.3.5 孙式太极拳

孙式太极拳由孙禄堂(1860—1933)所创,主要是结合形意拳和八卦掌,将身法和步法糅合在一起而创编的。主要特点是步法轻,动作幅度小,转换灵便,方向多变。

孙式太极拳代表性传承人有孙婉容、孙永田、文连贵、洪浩等。

1. 孙婉容

孙婉容(1927—),孙式太极拳创始人孙禄堂之嫡孙女。1951年毕业于北京师范大学体育系。原北京体育学院训练竞赛科科长,副教授,射箭国际裁判。孙式太极拳家,中国当代百位优秀武术家,孙式太极拳第三代传人。

2. 孙永田

孙永田(1948—),祖籍河北沧州,出生于北京。现任航天神龙汽车销售服务有限公司董事长兼总经理,北京市武术运动协会委员,孙式太极拳第三代掌门人,孙式太极拳研究会副会长,美国及香港孙式太极拳研究会永久名誉会长。

3. 洪浩

洪浩(1971—),博士,教授,博士研究生导师。河南大学孙式太极拳研究会副会长兼秘书长,孙式太极拳第四代传人。

洪浩自幼习武,大学期间跟随孙叔荣习练孙式太极拳。主持国家社科基金课题2项、省部级课题12项,牵头编制的《河南省全民健身实施计划》(2016—2020年)被河南省政府采纳并发布;担任河南省武术段位制考试考评长。

8.3.6 和式太极拳

和式太极拳由温县赵堡镇人和兆元(1810—1890)所创。

和式太极拳主要是以《周易》理论做支撑进行研究的,特别突出圆,动作要求处处以圆为主,周身感觉不到受力。和式太极拳强调理法自然,处处顺其自然合乎自然,自然而然,形成轻灵圆活、顺遂自然的特色。

和式太极拳代表性传承人有和有禄、和定乾、郑保兰、秦旭普等。

1. 和有禄

和有禄(1963—),出生于河南省温县赵堡镇一个太极拳世家。自幼随父习祖传拳法,是和式太极拳第六代嫡系传人,现任赵堡和式太极拳研究会会长,国家一级武术裁判,优秀社会体育指导员,曾在国内举办的多种太极拳比赛中荣获套路、推手冠亚军。

为推广和氏太极拳,和有禄走访了西安、成都、重庆等地,并与意大利、日本等国家的太极拳爱好者取得联系,在《太极拳》《武当》《少林与太极》等杂志上发表文章,推广太极拳。其弟子和东升、董永富、王培华等在交手擂台赛中均获得骄人战绩。2003年郑州市武术锦标赛中,弟子贾澎获得传统太极拳冠军,向外界展示了和式太极拳这一武林奇葩的风采。

2. 和定乾

和定乾(1955—),河南温县赵堡镇人,为和式第五代宗师和士英次子,和式太极拳第六代嫡宗传人,和式太极拳当代代表人物之一。自幼习练家传太极拳及器械,30年勤练不辍,忠实继承祖传拳技。

3. 郑保兰

郑保兰(1963—),国家一级拳师,中国武术六段,赵堡太极拳第十三代嫡传弟子,西安玄真太极拳武馆馆长,温县赵堡太极拳郑保兰拳法研究会会长,系西北太极一代宗师郑伯英侄孙女,自幼习武,后师承太极名家张玉峰学艺。精通太极理论,善于技击推手。

4. 秦旭普

秦旭普(1973—),河南温县人,和式太极拳代表性人物和有禄大师的高徒,中国武术七段,全国武术功力项目教练员、裁判员、和式太极拳段位指导员、考评员,焦作市和式太极拳协会副会长,四川省武术协会和式太极拳研究会总教练,江油市和式太极拳协会总教练,绵阳圣水寺禅武院执行院长兼总教练。

8.4 太极拳各拳种传承

国家高度重视传统武术及文化传承,2017年1月25日,中共中央办公厅、国务院办公厅印发了《关于实施中华优秀传统文化传承发展工程的意见》,河南省下发了《关于弘扬民族传统体育进一步加强校园武术工作的通知》(豫体〔2014〕22号)文件等,从国家层面为优秀文化传承提供了政策支持。

8.4.1 各拳种传承现状

目前,太极拳发源地温县流传的有陈式太极拳、和式太极拳、太极拳忽雷架、太极拳腾挪架、太极拳忽灵架,河北省永年县流传的有杨式太极拳、武式太极拳,北京市流传的有吴式太极拳、孙式太极拳,天津市武清区流传的有李式太极拳。

坐落在温县的陈家沟,虽然人口不太多,但因太极拳,这里成了闻名遐迩的"太极圣地"。温县已经成为太极拳的代名词,大家一提到温县,马上能联想到太极拳。放眼全国,河北沧州、永年和广东佛山等几个"武术之乡",也在倾力打造自己的文化品牌。尽管做法各有千秋,但有一点相同,那就是对武术进行最好的保护和传承。

通过走访调查分析发现,截至2018年,陈式太极拳从第1代陈王廷(1600—1680)传承到第15代了,其计11211余人,这些人经过了递帖,成为入门弟子或入室弟子,他们是传承陈式太极拳的主力军(见表8-2)。从数字上我们可以看到第11代、第12代、第13代是传承高峰,主要是陈小旺、陈正雷等人做了很大贡献。没有拜师但一直在练太极拳的人很多,很多人通过长期练习,已经离不开太极拳了,从中受益匪浅。

表 8-2　陈式太极拳传承表

陈式太极拳															
时间	1代	2代	3代	4代	5代	6代	7代	8代	9代	10代	11代	12代	13代	14代	15代
人数	1	6	6	7	6	5	11	25	32	97	1232	4925	3986	601	271+

杨式太极拳从第1代杨露禅(1799—1872)传承到第8代,1213余人(见表8-3)。从数字上看是第5代、第6代、第7代传承人数最多,约占总人数的88%,主要是杨振铎、杨振河、韩清民、韩兴民等这些代表性传承人物做出的贡献。

表 8-3　杨式太极拳传承表

杨式太极拳								
时间	1代	2代	3代	4代	5代	6代	7代	8代
人数	1	6	28	93	403	398	264	20+

武式太极拳从第1代武禹襄(1812—1880)传承到第8代,有287余人(见表8-4)。从数字上看是第5代、第6代、第7代传承人较多,主要是翟维传、孙建国、钟振山等这些代表性传承人物做出的贡献。

表 8-4　武式太极拳传承表

武式太极拳								
时间	1代	2代	3代	4代	5代	6代	7代	8代
人数	1	2	8	21	39	48	130	37+

吴式太极拳从第1代满族人全佑(1834—1902)传承到第6代,有507余人(见表8-5)。从数字上看是第5代、第6代传承人较多。目前吴式太极拳代表性传承人有李秉慈、张全亮、赵琴、白玉玺、周世勤、关振军、李廷海等。

表 8-5　吴式太极拳传承表

吴式太极拳						
时间	1代	2代	3代	4代	5代	6代
人数	1	8	86	70	242	100+

孙式太极拳从第1代孙禄堂(1860—1933)传承到第5代,有130余人(见表8-6)。从数字上看是第2代传承人最多,有98人。目前孙式太极拳代表性传承人是孙婉容、孙永田、文连贵、洪浩等。从整个情况来看,孙式太极拳传承

人还不是太多。但它是集形意、八卦、太极之大成，冶三家于一炉所创立的优秀拳种之一，还有待于更多宣传发展。

表 8-6　孙式太极拳传承表

时间	孙式太极拳				
	1代	2代	3代	4代	5代
人数	1	98	12	12	7+

和式太极拳从第1代和兆元(1810—1890)传承到第8代，有60余人（见表8-7）。从数字是看是第5代、第6代传承人较多，主要有和有禄、和定乾、郑保兰、秦旭普等代表性传承人。

表 8-7　和式太极拳传承表

时间	和式太极拳							
	1代	2代	3代	4代	5代	6代	7代	8代
人数	1	2	3	6	15	17	9	7+

8.4.2　传承现状分析

从以上六种太极拳拳种来看，陈式太极拳发展得较好，除河南省外，其他省市及国外，陈式太极拳拳馆、俱乐部、协会创办得非常多，而且有一大批拳师精英们在太极拳的道路上扎实前行，培养了一代又一代爱好者跨进了太极拳的门槛，或成为职业授拳师，或成为社会体育指导员去传播太极拳，或成为太极拳骨干免费教太极拳等，他们通过不同的方法手段传承太极文化。

杨式太极拳来源于陈式，但风格上有较大改变，趋于更加柔和，因而流传最广，原国家体委编订的一些普及推广性套路大多取材于杨式。在高校中调查发现，90%高校太极拳课开设的都是杨式，这可能与国家规定套路有关，但另一方面也与杨式太极拳很多都是免费教学的相关，而陈式在高校中开展得不理想，与其收费有很大关系。在全民健身的今天，人们普遍重视健康，在广场练杨式太极拳的也较多。

邯郸市永年县广府镇是我国太极拳的中兴发源地，在这片朴实的土地上诞生了富有传奇色彩的太极拳巅峰人物杨露禅、武禹襄以及"杨式""武式"太极拳，现在约有80%的永年民众参与过与太极拳相关的活动，太极拳成为普及的大众健身体育项目，而永年县也被命名为"中国太极拳之乡""中国太极拳研究中心"。

孙式太极拳在河南濮阳及河南大学开展得较好。在濮阳，孙婉容的弟子较多，他们都在努力宣传及发扬孙式太极拳。河南大学与孙氏太极拳有着很深渊源。1988年孙禄堂老先生孙女——孙淑容老师受聘为河南大学"特约拳师",同年于河南大学体育系武术班教授孙氏太极拳、形意拳。再加上目前河南大学体育学院书记洪浩教授是开封市武术协会副主席,孙氏太极拳第四代传人,河南大学孙氏太极拳研究会(学生社团)名誉会长。洪浩教授一直在传授孙式太极拳。由于传统文化及武术的技击对学生有着很大的吸引力,每年河南大学都有大型的社团巡礼及孙式太极拳汇报演出活动,从而推动孙式太极拳运动的蓬勃开展。

和式太极拳目前发展得还不够快,应广招门徒、培养精英、发扬传统以利创新,与地方学校联合培养以及开展相关的高层次太极拳交流活动等,使其得到更好地弘扬与发展。

8.4.3 传承前景

目前,陈家沟正在全力打造太极名镇,陈家沟太极拳发展有限公司投资11.5亿元建设太极大学、太极养生基地、太极阜外医院、国际太极拳文化交流中心等项目,相继建成了陈家沟太极拳祖祠景点、太极拳擂台、太极拳祭坛等工程。对外宣传工作正在加大进行,卡通片《太极拳内功揭秘》《功夫熊猫太极13势》、太极拳功夫电影《陈王廷》、电视剧《太极拳·道》等都是为了更好地宣传太极拳,传承优秀传统文化。

其他拳种也都在努力传承着。据统计,源起或流传沧州的拳种达60种之多,占全国130种的46%。沧州市是首批命名为"武术之乡"的城市。现在已规划建设了"中国沧州武术城"。

河北省永年县和广东省佛山市也是闻名中外的武术之乡。永年县诞生了杨露禅、武禹襄等太极宗师,是杨式太极拳和武式太极拳的发源地,并派生出吴式和孙式太极拳。如今,"太极"已成为永年最闪亮的文化品牌。

8.4.4 "非物质文化遗产"保护

2006年5月,太极拳被中国政府公布为第一批国家级非物质文化遗产。

据了解,宋氏通背拳已被列入洛阳第一批"非遗"名录,新乡市的岳家拳也成为新乡市"非遗"。武陟县的阴阳八卦拳、焦作市的猿仙通背拳都已成为焦作市"非遗"。2009年6月,沈丘县两仪拳被列入河南省"非遗"名录。2008年,内黄县梅花拳被列入安阳市第一批"非遗"名录。

2006年,登封少林功夫、温县太极拳入选首批国家级"非遗"名录。2008年,博爱八极拳、漯河和周口的心意拳、荥阳苌家拳上榜第二批国家级"非遗"名录。

温县陈氏太极拳传人王西安、朱天才成为第一批国家"非遗"传承人。少林功夫释永信,陈氏太极拳陈小旺、陈正雷,月山八极拳马德行,周口心意六合拳买西山、吕延芝,荥阳苌家拳苌红军则成为第三批国家"非遗"传承人。

这些拳种都是经过多少代人的努力、坚持、钻研而研究出来的,是心血和汗水的结晶,是东方文化的瑰宝,值得人人去珍惜、去保护,从而更好地传承优秀传统文化。

8.4.5 太极拳传承与创新

2017年6月10日是我国第12个文化遗产日,为了更好地传承和创新太极拳,河南大学明伦校区"高手云集",太极拳高峰论坛正在这里举行,平静的校园里刮起了"太极风"。

太极拳高峰论坛上,杨式太极拳名家赵幼斌、陈式太极拳名家任成功、武式太极拳名家钟振山、和式太极拳名家和有禄、孙式太极拳名家洪浩、焦作大学太极武术学院院长邢树强等会聚一堂,共话太极的传承与创新。

杨式太极拳名家任成功认为:"修心健体是学习太极拳的根本目的。修心,即哲学层面上对心智的锻炼,通过长期修炼,可以提高心智,愉悦身心,提升人们的精神素养。"建议高校应把太极拳文化作为校园文化来发扬,通过演练太极拳帮助同学们稳定心绪,抵御社会上不良诱惑。

武式太极拳名家钟振山认为,在互联网时代,要善于利用网络发扬太极文化。"网络时代,大学生身体素质普遍下降,建议高校重视太极拳的发展,通过组织太极拳比赛等形式,调动学生的积极性,增强他们的体质。"

当今有些武术面临失传,孙式太极拳名家洪浩认为,如今一些地域性的传统武术小拳种正处于濒危境地,在传统武术现代化的今天,更要重视对传统武术的传承与创新。

杨式太极拳名家赵幼斌在解读太极拳为什么要慢练时说,太极拳"捞鱼摸虾"般的慢节奏,可以让习练者在慢的过程中改善机体机能,练习体悟力。

和有禄在展示太极拳招式的同时,还耐心地为同学们讲解太极招式的内涵和蕴意。结合自己在海内外教学的经历,深刻阐释了太极拳文化在促进东西方文化的相互交融与和谐发展中起到的重要作用。

赵幼斌说,太极拳和太极文化是靓丽的中国优秀文化名片,就好比"绿色的地毯",与"一带一路"有着密不可分的关系。他说:"太极拳与丝绸之路都是中国古老的文化,太极文化提倡的中庸思想,很好地适应了世界上追求和平与发展的大环境,与丝绸之路的内涵相通,是一种独具魅力的武术文化。"

2016年10月,中共中央、国务院印发了《健康中国"2030"规划纲要》,旨在普及健康生活、优化健康服务、完善健康保障,提升健康水平。洪浩倡导,高校将课外与课内结合起来,通过开展各种丰富多彩的体育活动,将太极拳融入学生的生活中,是很关键的任务。

太极拳传承与发展需要多种拳种通力合作,和谐共赢,这样优秀传统文化发展的道路就会越来越宽。所以想让优秀传统文化更好地传承下去,就应扩大传播范围,与世人分享该优秀文化。

第 9 章
Chapter 9
太极拳文化产业发展

太极拳是中国传统文化宝库中的璀璨瑰宝。改革开放以来,随着我国经济高速发展,人民生活水平大幅提高,生活理念随之发生巨大转变,由满足于吃饱穿暖进而上升为追求健康休闲的生活方式,这一切在客观上助推了太极拳的传播和发展。同时,由于太极拳蕴含着丰富的东方文化内涵,其动作刚柔并济、动静相随、优美舒展,满足了现代人心静体松、缓解压力、排解焦虑的需求,故而在中国乃至全世界受到了广泛的热爱和追捧。据统计,太极拳已传入世界上150多个国家和地区,同时,世界上也已有80多个国家和地区建立了相应的太极拳组织,太极拳的练习者已达1.5亿人。无论是从参与人数还是影响范围看,太极拳已经成为一项重要的体育运动。目前,它正向着多元化、多样化、世界化的方向飞速发展,速度空前,前景广阔。

伴随着太极拳的飞速传播和发展,太极拳及太极文化所蕴含的巨大商机越来越受到人们的关注。作为一种产业,太极拳文化产业具有污染小、耗能少、回报高等特点,因而备受推崇。目前,太极拳已初步形成了以竞技表演、技能培训和娱乐健身等为主的核心产业,以旅游、服饰、器械、书籍、音像等为主的外围产业的产业链条。[1] 但是,太极拳演艺业、太极拳音像业和太极拳游戏业发展却极为缓慢,停滞不前。与国内外其他文化产业如已经发展成熟的拳击、跆拳道等相关体育产业市场相比,太极拳文化产业的发展还处于初级阶段,尚未驶入"快车道"。尤其是进入新时期,太极拳的传播和推广以及产业化发展进程中还有许多缺点和不足,许多问题亟待解决,因此深入探讨如何在当前形势下充分发挥太极拳特有的优势,推动太极拳产业化发展,形成一套完善的太极拳产业体系,就显得十分重要和迫切。

---

[1] 杨少雄:《武术产业集群发展的基础条件与路径选择》,《北京体育大学学报》2007年第5期。

9.1 文化产业和太极拳文化产业

9.1.1 文化产业

"文化产业"一词最早出现于法兰克福学派的马克斯·霍克海默和阿多诺合著的《启蒙辩证法》一书中,他们将文化产业定义为,凭借现代科技手段大规模地复制、传播和消费文化产品的产业体系。澳大利亚学者大卫·索罗斯认为,文化产业是指在产品和服务的生产过程中能够体现创造性,并且能够传递一定象征意义的产业。他在其著作《经济学与文化》中进一步将文化产业分为三个层次:核心产业层,基础产业层以及延伸产业层。他认为文化产业就是以创造性思维为核心,结合其他因素而形成各式各样的文化产品。(见图9-1)

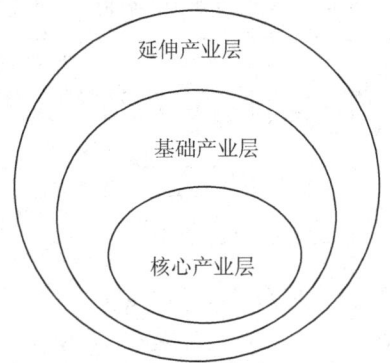

图 9-1　大卫·索罗斯的文化产业三个层次

2012年8月,国家统计局发布《文化及相关产业分类(2012)》。该分类规定的文化及相关产业是指为社会公众提供文化产品和文化相关产品的生产活动的集合。根据以上定义,我国文化及相关产业的范围包括:

以文化为核心内容,为直接满足人们的精神需要而进行的创作、制造、传播、展示等文化产品(包括货物和服务)的生产活动;

为实现文化产品生产所必需的辅助生产活动;

作为文化产品实物载体或制作(使用、传播、展示)工具的文化用品的生产活动(包括制造和销售);

为实现文化产品生产所需专用设备的生产活动(包括制造和销售)。

该分类依据以《国民经济行业分类》为基础、兼顾部门管理需要和可操作性、与国际分类标准相衔接的分类原则,将文化及相关产业分为五层:

第一层包括文化产品的生产、文化相关产品的生产两部分;

第二层根据管理需要和文化生产活动的自身特点分为 10 个大类；

第三层依照文化生产活动的相近性分为 50 个中类；

第四层共有 120 个小类，是文化及相关产业的具体活动类别；

第五层为带"*"小类下设置的延伸层。①

对文化产业的分类，学界有诸多说法，自然是仁者见仁智者见智，但这些都对太极拳产业的建设和发展具有借鉴指导作用。

9.1.2 太极拳文化产业

太极拳文化产业是以太极拳为基础，向社会公众提供太极拳服务产品、太极拳相关文化产品以及太极文化产品、服务等产业化经济活动的总和。由于太极拳在全球的普及，已经形成巨大的太极拳市场，从而带动太极拳文化产业的形成。借鉴相关学者的说法，我们可以将太极拳文化市场表现归类如表 9-1。

表 9-1 太极拳文化产业市场分类

分 类	相关内容
太极拳技术培训市场	太极拳相关的学校、培训班等，如前面第五章列出的众多太极拳馆等
大型活动市场	地方政府组织的以太极拳与商贸结合的国际性活动，如焦作市举办的"国际太极拳交流大赛"
影视制作市场	以太极拳为主题的武打影视片的生产经营活动，如电视《太极宗师》《张三丰》《神丐》《功夫熊猫(2)》等
太极拳产品市场	以生产太极器材刀、剑、棍、扇，服装，纪念品等产品的活动
太极拳旅游市场	以太极拳名胜故地为旅游景点而开发的经营性活动，如温县太极拳旅游区
太极拳商业表演市场	以商业化手段运作的太极拳演出表演活动
太极拳软件市场	以太极拳为题材开发的电子网络游戏等
太极拳医疗保健市场	以太极拳健身养身等功效开发的市场
太极拳劳务市场	从事与太极拳相关工作的劳务市场

(资料来源：胡振禹：《福建南少林武术文化产业区域发展研究战略》，福建师范大学 2008 年硕士论文)

太极拳文化产品种类繁多，市场表现芜杂。除大量的太极拳传播学校、中心、俱乐部外，与其相关的图书、音像、服装、器械、标识、食品保健品及服务旅游业都已经或将形成产业化、专业化。

---

① 国家统计局：《国家统计标准〈文化及相关产业分类(2012)〉发布》，《沿海企业与科技》2012 年第 11 期。

为研究方便,有学者依据不同的分类标准对太极拳文化产业进行归类,如表 9-2。

表 9-2 太极拳文化产业归类

分类标准	不同类别	细分类别
产业链上下游关系	上游产业	太极拳健身娱乐业
		太极拳竞赛表演业
	中游产业	太极拳服装器械
		太极拳培训
	下游产业	太极拳文化旅游
		太极拳经贸活动(太极搭台、经贸唱戏)
太极拳文化产业的内涵层次	核心层	新闻出版发行、电视电影等媒体制作
	传统层	教育产业
		竞赛交流
		文化旅游
	外围层	文化用品、设备、相关文化产品的生产与销售及相关服务
不同区域	焦作太极拳文化产业	主要分布在焦作、温县等地
	武当太极拳文化产业	主要分布在湖北武当山周围
	河北太极拳文化产业	主要分布在邯郸、永年、沧州、唐山等地
不同派别	陈式太极拳	代表人物陈王廷、陈正雷等
	杨式太极拳	代表人物杨露禅、杨健侯等
	吴式太极拳	代表人物吴鉴泉等
	武式太极拳	代表人物武禹襄等
	孙式太极拳	代表人物孙禄堂等
	和式太极拳	代表人物和兆元等

(资料来源:董旭晖:《太极拳文化产业建设与发展研究》,《体育世界》(学术版)2016 年第 11 期)

不同的分类标准必然产生不同的结果,表 9-2 的分类细致而全面,但是理论深度显然不够。

9.2 太极拳文化产业的发展

在我国,将文化艺术正式列为产业始于1985年[①]。政策性的文件是1992年国务院下发的《重大战略决策——加快发展第三产业》,该文件明确了文化的"产业"性质。其后学术界展开了探讨。没有理论研究的引领,文化产业的发展自然缓慢。从整体上看,国外的文化产业发展较早,也相对成熟。我国文化产业的发展与西方欧美发达国家相比有着巨大的差距,相对明显落后。太极拳文化产业与国内外其他文化产业相比也明显滞后。发展滞后的原因有国家体制的因素,也有经济发展方面的因素。中国文化产业真正发展是在2002年"中国文化产业论坛"后,有关专家对文化产业中的重组问题和资源的调配等情况展开了深入的研究。文化产业的发展离不开政策法规的规范,同时也需要开拓市场科学发展。可以借鉴国外的一些成功模式,最终实现快速增长。

9.2.1 太极拳文化产生发展现状

为了进一步了解太极拳文化产业发展现状,我们课题组在两年多的时间里奔走中原大地,掌握了大量的一手资料。其中,2018年6月22日的陈家沟之行,收获颇丰。太极网创始人、温县太极拳传承人联合会主席、河南太极国际旅行社有限公司董事长刘洪奇先生接见了我们,介绍了企业的发展历程,太极拳文化产业发展现状。

1997年,太极乡音公司成立,太极乡音国际互联网站(太极网前身)上线,新华社通稿《太极拳打进因特网》,从此,太极拳文化传播掀开新篇章。

2002年,太极网电子商城上线运营,太极文化产业进入快车道。

2008年,中华太极拳传承谱系工程启动,"书太极拳史,立传承人传"。

2009年,《东南西北太极人》系列专题片开拍,引发拳界巨大轰动。

2010年,大拳师商标在国家商标局注册成功。

2011年,首届太极拳传承大会暨(杰出传承人)命名表彰大会在温县隆重召开。同年,太极拳商标在国家商标局正式获准注册。

2012年,河南太极国际旅行社注册成立,太极文化寻根养生游专业旅行社启航。

2013年,微信平台认证号"太极拳"(cntaijiwang)上线,粉丝近50万,太极网微信矩阵粉丝达百万级。

---

① 国家统计局:《关于建立第三产业统计的报告》1985年。

2015年,温县陈家沟太极拳国术馆注册成立,拳馆加盟全业态合作模式奠基。首届国际太极拳网络大赛成功举办,"互联网+"太极拳赛事模式获全球瞩目。

2016年,大拳师太极文化产业平台启动,签约战略合作馆校近百家,太极网全媒体平台构建完成,第二届国际太极拳网络视频大赛成功举办。

2017年,太极网20周年庆典,手机客户端"太极拳"APP正式上线,太极网全国分站联盟成立,第三届国际太极拳网络视频大赛成功举办。

调研结果表明,温县太极电商产业园依托太极网、中华太极拳传承网、大拳师联盟网、太极国际旅游网,已与当前各大主流媒体展开合作构成太极网全媒体矩阵,太极网微信公众平台矩阵拥有近百万太极爱好者,整合太极网20年资源打造的手机客户端"太极拳"APP,致力于实现"太极拳一个APP就够了"的目标。

20年来,温县太极拳产业立足太极拳发源地,服务全球,现已发展成为集太极文化传播、武术产业经营于一体的太极文化产业平台,致力于传播、传承、培训、旅游、赛事、用品的太极文化产业生态圈建设。

经济基础决定着人们消费的程度,亦即"有钱"才可能"有闲"。作为休闲文化产业重要组成部分的太极拳文化产业,其发展与一国或地区的宏观经济直接相联。当一个国家或地区的宏观经济处在持续、稳定、快速发展阶段时,该产业的发展就会获得强有力的支撑。目前,我国的人均GDP每年都呈现出增长的态势,居民对高端的服务业的消费也在不断增加,这就为发展休闲产业打下了经济基础。

发达国家的实践经验告诉我们,当一个国家的人均国内生产总值达到3000美元到5000美元时,这个国家创意休闲的消费水平发展出现快速增长的趋势,当恩格尔系数指标低于50%时,其相关的产业如娱乐消遣、健康护理等服务消费品的需求将呈现稳定的持续性增长之势。近几年我国经济增长趋势如表9-3所示。

表9-3 我国经济发展变动情况表

年份	人均GDP(元)	年份	恩格尔系数(%)	
			城镇	农村
2010	30576	2010	35.70	41.10
2011	36018	2011	36.30	40.40
2012	39544	2012	36.23	39.33
2013	43320	2013	35.00	37.70
2014	46629	2014	36.00	40.00

(数据来源:根据中国统计年鉴整理)

由表 9-3 可以看出,在我国经济水平不断提高的大背景下,太极拳作为人们休闲、娱乐的产品,其健身和强体的功效愈来愈得到人们的青睐,成为休闲健身的首选,这就为太极拳文化产业发展打下了坚实的经济基础。

9.2.2 太极拳文化产业发展存在的问题

纵观太极拳文化产业发展现状,其存在的问题主要有:①品牌意识较弱。"太极故里"等文化产业资源还没有得到充分利用,经济价值尚未充分挖掘,品牌化经营的理念缺乏,太极拳相关产品分散孤立,各流派、各拳馆、各厂家企业单打独斗、各自为战,家族式经营较多,等等。这种现状显然与国际化大品牌的要求相去甚远。②太极拳文化资源开发程度低。虽然在一些地区如河南焦作、河北邯郸永年等地出现了一些太极拳武馆、学校,但太极授拳产业规模较小,仍处于起步阶段;太极相关演艺演出产业创意缺乏,有影响力的表演队伍和表演节目还没有形成;太极文化旅游业还处于发展初期。虽有太极刀、剑、扇、服装、鞋及茶、酒等产品,但是这些产品不能完全体现太极拳、太极文化的核心价值。③太极拳的宣传力度不够,太极文化氛围不浓郁。举办国际太极拳交流大赛是焦作宣传、弘扬太极文化的最重要途径之一。大赛期间,太极拳法雕塑、太极拳交流大赛的宣传广告比比皆是。大赛一过,一切销声匿迹。在温县陈家沟,除太极拳祖祠、碑林、杨露蝉学拳处和东沟以及一些新建的太极文化广场、太极拳雕塑和太极博物馆等少数人文景点外,很少看到宣传太极拳的广告、标语、张贴画。④太极拳师分散,专业人才缺乏。太极拳师整体力量较弱,辐射能力有限且大都以私营为主;开办拳馆者不多,忙于奔波世界各地授拳者不少。缺乏既懂得太极拳的文化和经济价值,又具备市场营销、金融、管理等经济领域的实践经验的专业性文化产业人才。[①]

9.2.3 促进太极拳文化产业发展的对策

1. 国家加大政策支持力度,积极营造太极拳文化产业发展的宏观环境

太极拳文化产业的发展,其产品在一定程度上还存在公共品的特性,发展太极拳文化产业的公共基础设备还需要政府加大投资力度。在给予物质、资金扶持的同时,还要制定相应的组织管理制度,使太极拳文化产业的发展全国一条线,也有利于太极拳文化产业的品牌塑造。

2. 转变思想观念,探讨太极拳文化产业发展的新路径

要想把太极拳文化真正做成产业化,必然要适应市场经济,探求市场的需求。所以,无论是国家和地方政府,要转变传统关门授徒的方式,充分利用互联

---

① 王伟康:《焦作市太极文化产业的升级策略》,《洛阳师范学院学报》2015 年第 12 期。

网,加大太极拳文化产业的市场推广。

3. 整合资源,培植太极拳文化产业的品牌新形象

充分利用当地的优势资源,大力发展太极拳文化产业,培植具有区域特色的品牌,并结合市场需求,形成新的具有国际影响力的新型产业集聚区。

4. 结合高校优势,加大对太极拳文化的研究,创新套路

通过与高校等科研机构的结合,不但可以加快对高层次太极拳教练员的培养,同时也能对传统的太极拳进行革新,以满足不同社会层次的需求。

总之,太极拳文化产业的发展并不只是某个人或某个地方的事,上至国家下到每一个太极拳爱好者,都应该为弘扬中华民族的传统文化做出应有贡献,通过对太极拳文化产业发展的帮助和扶持,使我国的太极拳文化产业又好又快地向前发展。

9.3 太极拳文化产业发展模式探索

关于太极拳文化产业的发展,笔者认为,前面这些分析都还不够,还需要做较深层次的思考,即对太极拳文化产业的发展模式进行探索。

太极拳文化产业发展模式与太极拳文化产业自身特点和外部环境等因素有关。各种因素相互搭配、相互作用形成的太极拳文化资源的利用方式和太极拳文化产业发展相关要素的搭配方式各有不同,因而形成不同的发展模式。而发展模式决定着太极拳文化产业发展路径和发展方式,决定着政府和相关文化企业在太极拳文化产业发展中的职责和应该起到的作用。所以太极拳文化产业发展模式的选取对太极拳文化产业的发展起着至关重要的作用。

9.3.1 资源主导型推广模式

这种发展模式是依据太极拳在当地特有的根资源,结合当地的政府或协会组织推向市场。其独具特色之处就是区域根资源的无法复制性。如河南焦作的太极拳文化产业,即利用陈家沟太极拳圣地,结合河南省政府的力量,把陈家沟太极拳塑造成为具有世界吸引力的文化旅游品牌。

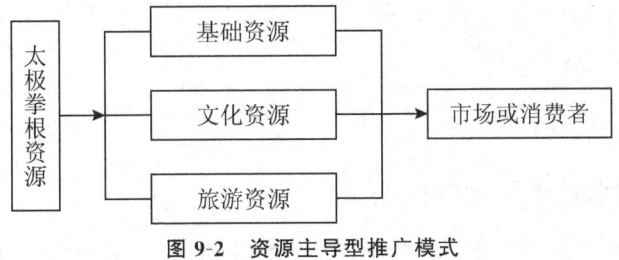

图 9-2 资源主导型推广模式

9.3.2 平台推广模式

此模式为建立产业平台即生态圈,来发展太极拳。如通过传承谱系、传承人信息查询平台、微信公众平台、影像、电商、旅游等平台来推广太极拳文化,使优秀传统文化得以发扬光大,如图 9-3 所示。

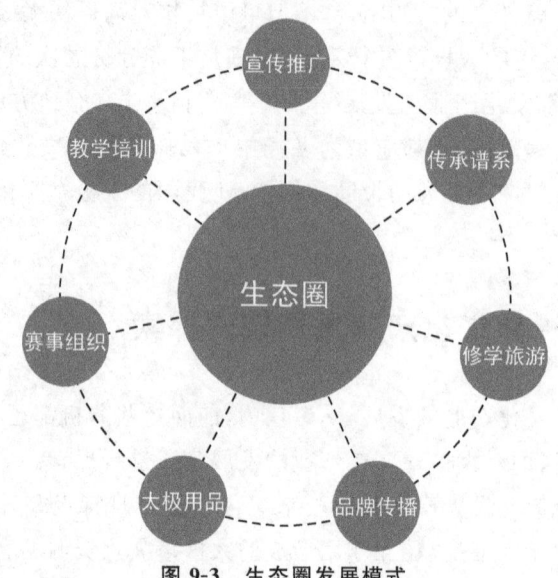

图 9-3　生态圈发展模式

9.3.3 协会主导型推广模式

这种发展模式是以散布在全国各地的太极拳协会组织为主,以技术水平的交流和提高为核心,如图 9-4 所示。其特点是专业性强、技术水平高,但推广范围和培训范围较小,可通过组织各种太极拳比赛来推广宣传。如国际太极拳网络视频大赛,就吸引了很多爱好者。

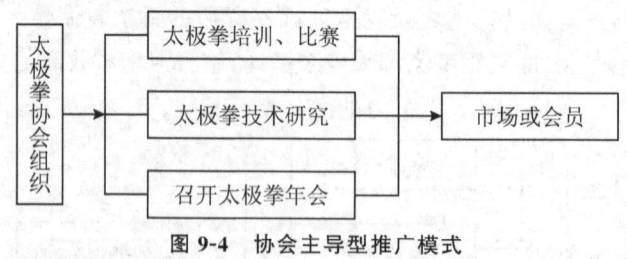

图 9-4　协会主导型推广模式

9.3.4 学校主导型推广模式

这种模式是以高等学校的教学活动为推广主体,同时也可以利用高校优秀人才的研发力量,对太极拳及其文化的发展出谋划策,如图9-5所示。由于高校学生的知识水平相对较高,对各种太极拳法的接受能力较强,更有利于太极拳文化的可持续发展和推广。如焦作市早在2003年已经将太极拳教学作为体育课的必修科目纳入了中小学体育课堂中,焦作师范高等专科学校、河南农业职业学院等高校也把太极拳定为了公修课。

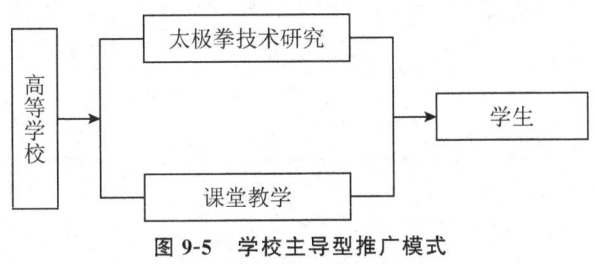

图 9-5 学校主导型推广模式

9.3.5 产业化的武馆传承模式

太极拳武馆是经民政局和体育局批准,从事太极拳培训、推广的专门机构。武馆(校)是中国武术的重要载体,是传承武术文化的基本平台。中华民族历来有尚武之风,武馆之设立乃是传播武术、强身健体的上好途径。历史上常常有武馆林立的景象,确有许多民间武馆名垂青史,如霍元甲的精武会,为维护民族尊严、振奋民族精神和继承武术传统发挥过很好的作用。

中华民族传统文化历经数千年,绵延至今而不绝,得益于传承的稳定性、完整性和连续性。太极拳作为肢体化的语言,是一种记载和表现中华文化中自然观、宇宙观的符号,在中国文化发展史上起到了的重要作用,它深刻体现了中国先哲的对立统一观、普遍联系观、天人合一观等,反映了他们的精神世界和内心追求。因此,可以说太极拳对记载和传承中国优秀的传统的文化功不可没。

太极拳是一种消费文化,必须依赖一定的物质基础。体育爱好者的多少与人们有钱闲暇的程度密不可分,我国旧时就有"穷文富武"的说法。现代社会人们的物质水平和生活质量,为太极拳文化形成产业化的市场提供了坚实的基础。

太极拳运动的精英文化特点,为太极拳产业化提供了品牌基础。由于太极拳传承的特性,太极拳的核心内容与技术难以普及,这就造成只有少数精英人物通过机遇、天分、苦练等才能继承,这也恰恰是太极拳运动的魅力所在。千百年来,武术传承脉络清晰,根植民间且人才辈出,这些精英人物只要利用太极拳土生土长的特点,面向大众加以引导,就可扩大普及面,在此基础上壮大教学规模、扩大经营规模、逐步实现产业化。

为开放合作太极拳传播与产业,开馆和分站都起到了积极作用,目前,太极网全国分站联盟启动发展,已建分站近百家,并在持续建设中。

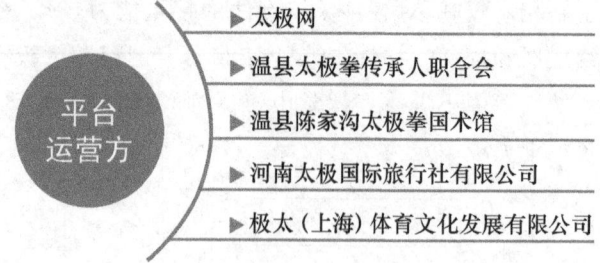

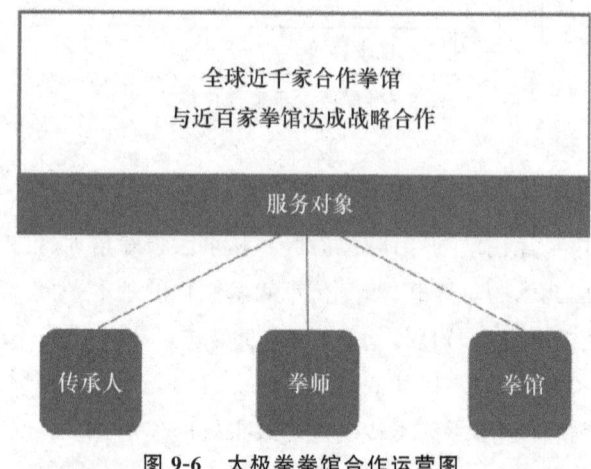

图 9-6　太极拳拳馆合作运营图

9.3.6　公园广场成为太极拳文化发展的重要补充模式

1995 年 6 月,国务院颁布《全民健身计划纲要》,我国全民健身事业蓬勃发展。全民健身是一项宏大的工程,需要纷繁多样的运动项目,各种不同的锻炼手段和方法,共同服务于不同的群体。唯有如此,才有可能使全民健身计划顺利实施并达到预期的目标。在这个宏大的健身工程中,太极拳运动得天独厚。其良好的医疗保健作用早就备受学界关注,并不断被实践证明。以太极拳为内核,利用它的凝聚力来构建全民健身内容体系,把它科学系统地引入《全民健身计划纲要》中,符合我国国情,切实可行。

目前,各地公园广场太极拳运动蓬勃发展,已经成为居民健身锻炼的主流项目。以焦作市为例,作为太极拳圣地的焦作市,参与太极拳锻炼场所的调查结果显示,公园广场成为焦作市太极拳锻炼人群的主要场所。其次是自家庭院,占调查人数的 13.9%,主要是因为温县有较多的太极拳学校,其基本上是在本村进行太极拳传授。而城市中到太极拳消费场馆锻炼的人群极少。以健身俱乐部或者是以太极拳为主题的健身、养生馆从事太极拳锻炼的人群也很少。在安阳市,大众太极拳练习者中,61%的在公园广场进行锻炼,体育活动场所占3.1%,可能影响他人休息或存在安全隐患的场地占35.8%。其他地级城市的数据与安阳市接近。以上数据说明,城市居民在太极拳锻炼场地选择中,以公园广场、公共体育设施为主,以其他场所为辅助,这与居民喜欢群体练习密切相关。一方面,公共场合被视为社区居民娱乐场所;另一方面,公园环境优雅,空气清新,更有利于身心锻炼。

9.4 文化产业大发展下的太极拳文化传承与发展展望

从国家层面的政策引领、政府方面的积极作为、理论界的活跃探索、智慧型国家的建设,到社会民间"有钱""有闲"人士井喷式涌现,可以预见,众多文化产业必将迎来黄金大发展时期。

在这样的大背景下,到2025年,中华优秀传统文化传承发展体系基本形成。作为大体系重要构成部分的太极拳文化,也必将在研究阐发、教育普及、保护传承、创新发展、传播交流等方面协同推进并取得重要成果,具有中国特色、中国风格、中国气派的太极拳文化产品更加丰富,它们必将为国家文化软实力的提升,为中华文化国际影响力的提升做出贡献。

9.4.1 深入挖掘太极拳文化精髓

加强太极拳文化研究阐释工作,深入研究阐释太极拳文化的历史渊源、发展脉络、基本走向,着力构建太极拳文化的思想体系、学术体系和话语体系。在现有基础上,实施太极拳文化资源普查工程,构建准确权威、开放共享的太极拳文化资源公共数据平台。加强太极拳文化典籍整理编纂出版工作。

9.4.2 贯穿国民教育始终

围绕立德树人根本任务,遵循学生认知规律和教育教学规律,按照一体化、分学段、有序推进的原则,把太极拳文化全方位融入教学各环节中,贯穿于启蒙教育、基础教育、职业教育、高等教育等领域。推动高校开设太极拳文化课,使太极拳走进落实到体育教学中。

9.4.3 科学锻炼

越来越多的人反映在太极拳练习的过程中出现膝关节伤痛的现象,国内外也有很多专家学者就此问题提出过许多阐释。训练中出现这样的问题或疑惑,需要科学的解释和引导,杜绝伪科学。因此,将太极拳训练科学化、规范化、简易化,遵循由易而难的认知规律,实现太极拳的强身健体功能,促进太极拳的发展。

9.4.4 保护传承文化遗产

坚持保护为主、抢救第一、合理利用、加强管理的方针,做好太极拳文物保护工作,抢救保护濒危文物,推动太极拳文化项目的整理研究和保护传承。另一方面,使太极拳走进落实到体育教学中。

9.4.5 加大宣传教育力度

综合运用报纸、书刊、电台、电视台、互联网站等各类载体,融媒体等资源,统筹宣传、文化、文物等各方力量,创新表达方式,大力彰显太极拳文化魅力,实施太极拳文化新媒体传播工程。

9.4.6 推动太极拳文化与外来文化的交流互鉴

加强对外文化交流合作,创新人文交流方式,丰富太极拳文化交流内容,不断提高文化交流水平。充分运用海外中国文化中心、孔子学院,文化节展、文物展览、博览会、书展、电影节、体育活动、旅游推介和各类品牌活动,助推太极拳文化的国际传播,提高其国际影响力。在国家"一带一路"发展大框架下,加强与"一带一路"沿线国家文化交流合作。鼓励发展对外文化贸易,让更多体现太极拳文化特色、具有较强竞争力的文化产品走向国际市场。探索中华文化国际传播与交流新模式,综合运用大众传播、群体传播、人际传播等方式,构建全方位、多层次、宽领域的太极拳文化传播格局。

"强身健体、益寿延年"已经成为太极拳运动的主旋律。太极拳作为一种"健身符号",其文化价值、健身价值、社会价值不可估量。只有不断推进太极拳理论化、科学化、职业化,才能使太极拳可持续发展,永葆生命力。

太极拳传承与发展需要多种拳种通力合作,和谐共赢,这样优秀传统文化发展的道路就会越来越宽。所以要想更好地使优秀传统文化传承下去,就应扩大传播范围,与世人分享该优秀文化。

总之,传承优秀传统文化永远在路上,我们要坚持不懈努力,共同营造风清气正的健康环境,以中国智慧和中国方案,确保太极拳文化等中华优秀传统文化沿着正确轨道良性发展,泽被全人类。

附 录

调查问卷(一)

教师参与太极拳教学现状调查问卷

尊敬的老师：

您好！

我们是河南省哲学社会科学规划项目"太极拳文化及其传承研究"课题组成员。为了了解河南省高校太极拳课程教学状况，我们课题组设计了以下问卷。该问卷只供研究使用，不会对个人及学校有任何影响，但恳请您如实填写。课题组保证所有内容真实、有效、不带有任何政治倾向性，调查结果只做研究使用，不会对您的生活产生任何不利影响，请您放心！恳请您在百忙中能抽时间填写此问卷。在此表示衷心的感谢！

"太极拳文化及其传承研究"课题组

问卷说明：

一、请在选项后面的"□"打上"√"。

二、凡是遇到有"＿＿"时请填上符合自己情况的文字。

1. 您了解太极拳课程教学计划吗？

    非常了解□　比较了解□　一般□　不太了解□　不了解□

2. 您学校太极拳选项课开设时间：

    一学期□　一年□　两年□

3. 您学校太极拳选项课选项内容：

    24式简化太极拳(杨式)□　陈式□　孙式□　吴式□　武式□

    和式□

4. 太极拳选项课师资状况：

    (1)您学校担任太极拳课程教师有＿＿名，其中专业＿＿名，非专业＿＿名。

    (2)教师职称：教授＿＿名，副教授＿＿名，讲师＿＿名，助讲＿＿名。

(3)教师学历:博士____名,硕士____名,本科____名,专科____名。
5. 您从事太极拳教学的目标(多选题):
　　技能传授、记忆动作名称☐　　理论传授、文化内涵☐
　　身心锻炼☐　关注练习中的注意事项☐　培养太极拳意识意念呼吸☐
6. 您平时进行过太极拳领域的研究:
　　偶尔☐　　经常☐　　不一定☐　　从不☐
7. 您从事体育教育的目的是:
　　培养学生运动技能☐　　促进学生健康发展☐
　　提高学生行为能力☐　　完成工作任务☐
8. "讲解—示范—练习"是您采用的主要教学形式:
　　偶尔☐　　经常☐　　不一定☐　　从不☐
9. 您教学中主要采用的教学方法(多选题):
　　讲解—示范—练习☐　　集体练习—辅导☐　　分组练习—辅导☐
　　使用多媒体技术频率☐　　关注学生情绪变化☐　　专项身体素质练习☐
10. 参加工作后,您参加过有关太极拳教学、文化等方面的培训:
　　偶尔☐　　经常☐　　不一定☐　　从不☐
11. 在太极拳教学中您关注的重点是:
　　太极拳技术☐　　太极拳理论知识☐　　学生学习行为能力☐　　其他☐
12. 教师对太极拳课程的认同度:
　　非常必要☐　　有必要☐　　无所谓☐　　完全没必要☐
13. 教师对太极拳热爱程度:
　　特别喜欢☐　　喜欢☐　　一般☐　　不太喜欢☐
14. 您进行太极拳的考核形式:
　　以动作技术评定为主☐　　以完成整套动作时间为主☐
　　以理论考试为主☐　　技术评定与完成时间相结合☐
15. 您进行太极拳考核的时间:
　　集中在学期末进行☐　　学期中与学期末考核相结合☐
　　以段落考核为主☐　　以段落考核与学期末考核相结合☐

16. 您在教学过程中使用多媒体技术的频率：

    偶尔☐　　经常☐　　不一定☐　　从不☐

17. 教学过程中学生经常与您讨论的问题是：

    太极拳技术领域☐　　　　太极拳文化领域☐

    太极拳学习方法领域☐　　其他☐

18. 您在教学的过程是否关注学生学习情绪的变化：

    偶尔☐　　经常☐　　不一定☐　　从不☐

19. 您太极拳教学目标的设立关注的重点领域：

    技能领域☐　认知领域☐　情感领域☐　负荷领域☐

20. 您认为太极拳能否促进学生的心境向积极的方向发展：

    能☐　　不能☐　　不清楚☐

21. 您认为太极拳能否促进学生的身心和谐：

    能☐　　不能☐　　不清楚☐

22. 您认为太极拳对学生的吸引力有多大：

    很大☐　　较大☐　　一般☐　　很小☐

23. 您认为高校太极拳课前景如何：

    很大☐　　较大☐　　一般☐　　很小☐

24. 根据您的认知，请您描述太极拳课的发展前景：

    _____

    _____

    _____

调查问卷(二)

学生参与太极拳教学现状调查问卷

亲爱的同学：

  你好！

  我们是河南省哲学社会科学规划项目"太极拳文化及其传承研究"课题组成员。为了了解河南省高校太极拳课程教学状况，我们课题组设计了以下问卷。该问卷只供研究使用，不会对个人及学校有任何影响，但恳请你如实填写，课题组保证所有内容真实、有效、不带有任何政治倾向性，调查结果只做研究使用，不会给你的学习带来任何负面影响，请你放心！恳请你在学习之余能抽时间填写此问卷。在此表示衷心的感谢！

"太极拳文化及其传承研究"课题组

问卷说明：

一、请在选项后面的"☐"打上"√"。

二、凡是遇到有"____"时请填上符合自己情况的文字。

1. 你了解太极拳吗？

  非常了解☐ 比较了解☐ 一般☐ 不太了解☐ 不了解☐

2. 你是否对太极拳课感兴趣？

  非常感兴趣☐ 比较感兴趣☐ 一般☐ 不太感兴趣☐ 不感兴趣☐

3. 你对现在你所在学校开设的体育课满意吗？

  非常满意☐ 满意☐ 一般☐ 不太满意☐ 不满意☐

4. 你参加体育锻炼的时间是：

  体育课上☐ 课余☐ 课上和课余☐ 不参加☐

5. 你认为太极拳对身心健康方面的作用：

  非常大☐ 比较大☐ 一般☐ 不太大☐ 没作用☐

6. 你认为太极拳对自己在哪些方面有所提高？（可多选）

  身体素质☐ 心理素质☐ 健康意识☐

  树立正确人生观、价值观☐ 其他☐

7. 你认为你现在的学习浮躁吗？

　　非常浮躁□　　有点浮躁□　　一般□　　不浮躁□

8. 你认为太极拳对你的学习和生活是否有帮助：

　　非常有帮助□　　比较有帮助□　　一般□　　没影响□　　没帮助□

9. 你认为体育课堂增加太极拳教学内容可行吗？

　　非常可行□　　比较可行□　　一般□　　无所谓□　　不可行□

10. 你学习太极拳的动机：

　　掌握技术□　　获得学分□　　修身养性□　　其他□

11. 你认为制约传统太极拳课程发展的主要因素有哪些？

　　师资力量□　　场地器材□　　经费□　　安全因素□　　其他□

12. 你最喜爱的运动：

　　篮球□　　排球□　　广场舞□　　太极拳□　　武术□　　太极球□

13. 你认为是中国民族传统体育的选项？

　　蹴鞠□　　捶丸□　　象棋□　　角抵□　　太极拳□

14. 对太极拳认知情况调查：

　　(1) 你清楚太极拳的技击原理：

　　　　非常同意□　　同意□　　不一定□　　不同意□　　非常不同意□

　　(2) 你十分清楚太极拳的健身原理：

　　　　非常同意□　　同意□　　不一定□　　不同意□　　非常不同意□

　　(3) 你了解太极文化：

　　　　非常同意□　　同意□　　不一定□　　不同意□　　非常不同意□

　　(4) 是适合中老年人锻炼的项目：

　　　　非常同意□　　同意□　　不一定□　　不同意□　　非常不同意□

　　(5) 适宜大学生进行身体锻炼：

　　　　非常同意□　　同意□　　不一定□　　不同意□　　非常不同意□

15. 按照你的认知，请你描述一下太极拳课发展前景：

_____

_____

_____

调查问卷(三)

居民参与广场太极拳现状调查问卷

尊敬的先生(女士):

  您好!

  我们是河南省哲学社会科学规划项目"太极拳文化及其传承研究"课题组成员。为了了解人们参与广场太极拳现状,我们课题组设计了以下问卷。该问卷只供研究使用,不会对个人有任何影响,但恳请您如实填写,课题组保证所有内容真实、有效、不带有任何政治倾向性,调查结果只做研究使用,不会对您的生活产生任何不利影响,请您放心!恳请您在百忙中能抽时间填写此问卷。在此表示衷心的感谢!

"太极拳文化及其传承研究"课题组

问卷说明:

一、请在选项后面的"☐"打上"√"。

二、凡是遇到有"＿＿"时请填上符合自己情况的文字。

1. 您的性别:

  男☐ 女☐

2. 您的年龄:

  16~25☐ 26~35☐ 36~45☐ 46~55☐ 56~65☐

  65以上☐

3. 您的学历:

  初中及以下☐ 高中☐ 中、大专☐ 本科☐ 硕士及以上☐

4. 您的职业:

  公职人员☐ 工人☐ 学生☐ 农民☐ 待业☐ 离退休人员☐

5. 您余暇时间参与的太极拳活动主要是＿＿＿＿(多选并排序)

  (1)简化24式 (2)42式 (3)48式 (4)竞赛套路 (5)单式练习

  (6)杨式 (7)陈式 (8)吴式 (9)武式 (10)孙式 (11)和式

6. 地域分布情况:＿＿＿＿(多选并排序)

  (1)豫东 (2)豫南 (3)豫西 (4)豫北 (5)豫中

7. 您的活动形式：

   与同事或朋友一起☐　　参加社区组织☐　　与家人一起☐

   与同学一起☐　　参加太极拳馆☐　　参加俱乐部☐

   参加辅导站☐　　个人锻炼☐

8. 您的活动途径：

   跟同事或朋友学☐　　跟体育指导员学☐　　跟社区群体学☐

   跟家人学☐　　跟老师学☐　　跟教练学☐　　自学☐

参考文献

一、著作

陈鑫:《陈氏太极拳图说》,山西科学技术出版社 2006 年版。
戴维·思罗斯比,王志标译:《经济学与文化》,中国人民大学出版社 2011 年 8 月版。
高壮飞、若水:《千思百问太极拳》,中国海关出版社 2005 年版。
国家体委武术研究院编纂:《中国武术史》,人民体育出版社 1997 年版。
马克斯·霍克海默、奥多·阿道尔诺,渠敬东、曹卫东译:《启蒙辩证法》,上海人民出版社 2006 年版。
沈寿:《太极拳文集》,人民体育出版社 2005 年版。
唐豪、顾留馨:《太极拳研究》,人民体育出版社 1996 年版。
王宗岳等:《太极拳谱》,人民体育出版社 1995 年版。
吴文翰:《武派太极拳体用全书》,北京体育大学出版社 2001 年版。
徐震:《太极拳考信录》,山西科学技术出版社 2006 年版。
徐震:《太极拳谱理董辨伪合编》,山西科学技术出版社 2006 年版。
严双军:《太极拳》,浙江人民出版社 2007 年版。
严双军:《太极拳》,浙江人民出版社 2007 年版。
杨澄甫:《太极拳体用全书》,上海书店 1986 年版。
杨丽:《太极拳辞典》,北京体育大学出版社 2004 年版。
于志钧:《中国太极拳史》,中国人民大学出版社 2012 年版。
余功保:《中国太极拳辞典》,人民体育出版社 2005 年版。
余功保:《中国太极拳名家对话录》,人民体育出版社 2002 年版。

二、论文

陈双:《陈式太极拳传播模式管窥》,《中华武术》(研究)2014 年第 11 期。
程帆:《太极拳产业发展策略的研究》,河南大学,硕士学位论文,2012 年。
戴有祥:《"大武术观"下的太极拳传播》,《搏击》(武术科学)2011 年第 12 期。
但爱兰、李晓红:《太极拳的传播与民族传统体育发展》,《武汉体育学院学报》2004 年第 5 期。
邓菊生:《太极拳"四步曲"教学模式探析》,《哈尔滨体育学院学报》2007 年第 6 期。
董旭晖:《太极拳文化产业建设与发展研究》,《体育世界》(学术版)2016 年第 12 期。
杜志峰、岳慎强、肖娟娟:《中国传统体育在高校的发展现状及对策分析——以河南师范大学为例》,《现代交际》2012 年第 6 期。

高雪梅、郝小刚:《太极文化软实力价值研究》,《搏击》(武术科学)2010年第10期。

高永前:《全民健身视角下成都市公园广场太极拳(械)开展现状的调查与研究》,成都体育学院,硕士学位论文,2011年。

葛耀、施鲜丽:《"分解串联—小组合作—逐步考试"教学模式在高校太极拳教学中的实验研究》,《搏击》(武术科学)2011年第2期。

耿莺:《浅谈体育课中教授太极拳的意义及方法》,《运城高等专科学校学报》2002年第2期。

郭志禹:《太极拳养生文化考》,《上海体育学院学报》2004年第2期。

郝小刚、李春:《武术文化的软实力角色》,《山西师大体育学院学报》2009年第9期。

李乘伊:《太极拳源流探秘》,《文化月刊》2016年第12期。

李丹:《"三自一导"教学模式引入太极拳课堂教学的思索》,《才智》2012年第5期。

李德顺:《什么是文化》,《光明日报》2012年3月26日。

李建真、张兴洲:《太极文化的渊源与发展》,《武当》2011年第1期。

李伟昂、刘宪发、孔正:《安阳市大众太极拳开展现状及对策研究》,《运动》2016年第14期。

刘和臣、吴俊清:《太极拳在构建和谐社会中的价值研究》,《吉林体育学院学报》2010年第3期。

刘和臣、吴俊清:《太极拳在构建和谐社会中的价值研究》,《吉林体育学院学报》2010年第3期。

刘胜杰:《豫北地区普通高校太极拳教学现状调查与研究》,河南师范大学,硕士学位论文,2012年。

毛猛:《中国传统养生文化与太极拳》,《当代体育科技》2014年第12期。

祁浩浩:《武汉市普通高校公共体育课太极拳教学现状与对策建议》,华中师范大学,硕士学位论文,2015年。

邱丕相、杨建营:《当代武术的三重使命》,《沈阳体育学院学报》2009年第4期。

桑守惠:《论高校太极拳教学的困境与对策》,《中华武术研究》2011年第4期。

申国卿:《中国地域武术文化的发展规律及其转型机制》,《中国体育科技》2011年第6期。

石榴:《浅谈陈式太极拳的技击性》,《中国校外教育》2014年第17期。

谭栖:《太极拳养生文化理论体系研究》,《当代体育科技》2018年第2期。

王凤仙:《太极拳对人体运动系统和循环系统的按摩效果分析》,《少林与太极》(中州体育)2014年第2期。

王国志、邱丕相、郭华帅:《太极拳:一种体认和谐的典型音符》,《上海体育学院学报》2009年第1期。

王凯源:《太极拳历史探究及未来发展策略研究》,《搏击》(武术科学)2012年第6期。

王锁贵、边永强、梅凤喜:《太极文化对构建和谐社会发展过程中的价值探究》,河北工程大学学报(社会科学版)2010年第3期。

王维琦:《太极相谐 动静相宜——论中国古代太极拳"太极"文化的本体及价值义》,《保山师专学报》2009年第7期。

吴春雨:《"体用结合"教学模式应用于太极拳教学的实践研究》,北京体育大学,硕士学位论文,2012年。

谢永广、牛英群:《太极文化内涵的理论探析》,《芒种》2012年第23期。

许桂芝、朱宏、凌昆:《太极拳运动膝关节疼痛的原因与对策》,《中国中医骨伤科杂志》2006年第2期。

杨建营:《武术文化特色研究》,《体育与科学》2005年第5期。

杨军:《以"文化传承"为理念的太极拳课程设计与实践研究》,《科教文汇》2014年第1期。

杨黎明、王柏利:《太极拳大众化发展中的群体特征研究——以焦作市为研究对象》,《中州体育·少林与太极》2014年第8期。

杨现钦:《太极拳养生作用探析》,《河南农业》(教育版)2017年第2期。

叶秋霞、姚利娟:《太极拳运动对人体呼吸系统和神经系统的良性调节》,《少林与太极》(中州体育)2014年第12期。

叶伟:《浅析太极拳的文化内涵》,《北京体育师范学院学报》1997年第6期。

张广华:《论民间武馆(校)的产业化问题》,《福建体育科技》2006年第2期。

张海英:《从内涵出发引导大学生习练太极拳》,《山东省农业管理干部学院学报》2013年第11期。

张江:《浅论太原市武术实体的产业化发展道路》,《搏击》(武术科学)2012年第11期。

张铁钢、赵红波:《关于太极拳发展动力研究》,《山西师大体育学院学报》2006年第4期。

张志勇:《从太极拳技术演变的历史谈太极拳的起源与发展》,《体育学刊》2013年第1期。

张祝平:《从文化自觉的视域审视太极文化的勃兴》,《首都体育学院学报》2012年第1期。

赵伟诺:《太极拳品牌运营的研究》,北京体育大学,硕士学位论文,2006年。

郑进科:《太极拳养生思想研究》,河南大学,硕士学位论文,2012年。

中共中央办公厅、国务院办公厅印发《关于实施中华优秀传统文化传承发展工程的意见》[N].人民日报,2017-01-26(10).

朱东方:《传统中医数理模型初探》,《中医临床研究》2013年第10期。

三、网站

中华太极拳传承网(http://www.taijigen.com/)

太极拳传承网(http://www.taijiren.cn/)

太极网(https://www.taiji.net.cn/)

济源网(http://www.jyrb.cn/)

搜狐网(http://www.sohu.com/)

安阳新闻网(http://www.aynews.net.cn/)

安阳永弘太极拳武馆网(http://www.cs-yhtj.com/)

中国太极拳网（http：//www.cntjq.net.cn/）

太极文化网（http：//www.sqtjq.com/）

焦作网（http：//www.jzrb.com/）

鹤壁体育网（http：//www.hebisport.gov.cn/）

中华龙都网（http：//www.zhld.com/）

南阳广播网（http：//www.nydt.cn/）

驻马店广视网（http：//www.zmdtvw.cn/）

驻马店网（http：//www.zmdnews.cn/）

信阳新闻网（http：//www.xyxww.com.cn/）

平桥新闻网（http：//www.xypq.gov.cn/）

伊川民声网（http：//www.lyycms.com/）

洛阳网（http：//www.lyd.com.cn/）

陈正雷太极网（http：//www.czl.cn/）

中国国际太极拳网（http：//www.tjqtn.com/）

郑州东武太极研修院（http：//www.tjqtn.com/com/zzdwyxy/）

百度百科（https：//baike.baidu.com/）

太极中国（http：//www.taijicn.net/）

中国广播网（http：//www.cnr.cn/）

后　记

　　2011年秋天,武术名家张振龙老师来到河南农业职业学院教授陈氏太极拳。出于好奇及康健身体的目的,我们大家一起跟着张振龙老师习练太极拳。张老师是温县西留石村人,自幼习拳练武,是当代陈氏太极名师张东武先生的亲传弟子,陈氏太极拳第十三代传人,国家一级武术运动教练员、国家陈氏太极拳七段,为人质朴、功夫了得、教法灵活多样,深奥神秘的太极拳运动由他深入浅出、就简点化,变得简单易学、趣味无穷。

　　半年后,2012年的春天,在张振龙老师和中牟本地武术名家赵王欣老师的指导下,学校掀起了一个学练太极拳的热潮。万名学生在体育课上习练太极拳,太极拳被纳入考试科目;广大教职员工也利用课余时间习练太极拳,"河南农业职业学院太极拳俱乐部"应运而生,王凤仙老师任会长,我担任名誉会长。有了组织,就有了纪律和规矩,我校太极拳运动自此蓬蓬勃勃全面展开。

　　随着太极拳运动的开展及太极拳习练的深入,我们愈来愈感觉到太极拳文化理论的重要。太极拳运动不同于其他运动的突出特点是对其"运动理论"的理解,既要练,更需"悟":悟动作、悟技术、悟拳理,进一步悟社会、悟人生、悟人性,从而全面提升人文素质与境界。基于探索太极拳拳理考虑,我们申报了2015年度的河南省哲学社会科学规划项目,名曰"太极拳文化传承及其研究",于该年7月立项,批准号为2015BTY003。我为项目主持人,成员分别是王凤仙、李永兰、赵淑芳、朱永兴、董旭晖、马志娟、王明杰。

　　寒来暑往,历经近三个春秋,我们分工到人、责任到人,分片包干,走南访北,足迹踏遍中原大地,走大街、游广场、进拳馆,深入河南省各个太极拳习练场所,遍访太极名家、民间高手,交朋友、结同道、练技艺、研拳理,取得第一手资料。几经修炼打磨终成正果——《太极拳文化及其传承研究》于2018年初夏顺利结项。本书即此项目的结晶,也是汗水浇灌的果实。

　　在项目的调研与写作过程中,我们得到了北京体育大学博士后、河南大学体育博导、中国十大杰出武术名师洪浩教授的大力支持与指导,得到了中国太极名家张东武、张振龙、王玲霞等老师的点拨与指导,得到了"太极网"刘洪奇先生的鼎力相助,并赢得了杜福磊、刘源、王华杰、武勇成等教授的指导鉴定。在此一并深表感谢。

后记

  此书的出版还要感谢许多地市教育体育局的领导及高校同仁们,在我们前往调研的过程中,他们都给予了热情的指导和帮助,为研究提供了极大的便利。在编著过程中,借鉴了一些专家学者的成果,但由于条件所限,未能一一联系。在深表谢忱的同时,敬请谅解。

  由于时间紧,加上学识所限,定有不当之处,见笑大方,敬请批评指正。

  太极理论博大精深,太极拳习练"由也升堂矣,未入于室也",太极拳文化传承任重道远。一切刚刚开始,我们更须努力。

杨现钦

2018 年 5 月 10 日于河南农业职业学院